क्या आप जीवन में कोई मकान बना पाएंगे? अथवा आपके जीवन में कोई वाहन आ पाएगा, वाहन होगा तो कैसा? जीवन में कीर्ति, यश है या नहीं? यश है तो कितना? इन सब अनसुलझी बातों का सटीक समाधान आप इस पुस्तक के माध्यम से पहली बार जान पाएंगे।

ज्योतिष में भवन, वाहन व कीर्ति योग

डॉ. भोजराज द्विवेदी
एम.ए. संस्कृत (दर्शन), पीएच.डी. (ज्योतिष)

डायमंड बुक्स

प्रकाशक : **डायमंड पॉकेट बुक्स (प्रा.) लि.**
X-30 ओखला इंडस्ट्रियल एरिया, फेज-II
नई दिल्ली-110020
फोन : 011-40712200
ई-मेल : wecare@diamondbooks.in
वेबसाइट : www.diamondbooks.in
संस्करण : 2025
मुद्रक : रेप्रो (इंडिया)

JYOTISH MEIN BHAWAN, VAHAN VA KIRTI YOG
by *Dr. Bhojraj Dwivedi*

पुस्तक के बारे में

भूमि-भवन का क्रय या निर्माण आम आदमी के जीवन का सर्वाधिक महत्त्वपूर्ण पहलू है। वाहन भी आज के व्यस्त जीवन का एक अत्यधिक आवश्यक अंग बन गया है। मनुष्य का सारा धन,दौलत व ऐश्वर्य यश के सामने फीका पड़ जाता है। अगर जीवन में यश नहीं तो जीवन निस्सार हो जाता है। शास्त्रों में कहा है यश रूपी शरीर से जो जीवित है वे ही वास्तव में जीवित है। अपयश का जीवन तो मृत्यु से बढ़कर दारुण दु:खदाई है। इस ईष्यालु जगत में कोई बिरला भाग्यशाली व्यक्ति ही अपने विमल यश की कीर्ति-पताका-दिग्दिगंतर में फहरा सकता है। आपकी जन्मकुंडली में भू-भूमि-भवन-वाहन एवं कीर्ति का योग है या नहीं ? है तो कितना विस्तृत है ? उसकी सीमाएं क्या हैं ? इन सभी तथ्यों का ज्योतिष योगों की दृष्टि से विवेचनात्मक विवेचन आप पहली बार इस पुस्तक के माध्यम से पढ़ पाएंगे ।

प्राचीन भारतीय वांङ्मय में वास्तु शास्त्र,भवन निर्माण कला का एक आवश्यक अंग माना जाता था। इस कला के जानकार अब अत्यल्प संख्या में जीवित हैं। आज दो-तिहाई जनता इस बात से दु:खी है कि उनका मकान,दुकान,फैक्ट्री उन्हें फलित नहीं हो रही है। क्या परिवर्तन करने से मकान शुभ व अनुकूल फलदाई हो सकता है। नये मकान में जल का स्थान, अग्नि का स्थान, शयनकक्ष, कहां ? किस दिशा में होना चाहिए ? मकान के द्वार एवं खिड़कियां किस दिशा में होने से व्यक्ति स्वस्थ प्रसन्न एवं दीर्घ जीवी रह सकता है ? नये घर में वास्तुप्रतिष्ठा की विधि क्यों करानी चाहिए ? इन सब बातों का विशद् विवेचन आम जनता के हितार्थ अंतर्राष्ट्रीय ख्याति प्राप्त, दैवज्ञ शिरोमणि पं० भोजराज द्विवेदी ने अपनी यशस्वी लेखनी के माध्यम से यहां प्रस्तुत किया है। विद्वान् लेखक ने अपने परंपरागत संचित ज्ञान एवं वर्षों के अनुभव को शास्त्रीय उदाहरणों के साथ इस पुस्तक में संजो कर बड़े सरल एवं रोचक ढंग से प्रबुद्ध पाठकों के लिए प्रस्तुत किया है जिसके लिए हम उनके अत्यंत आभारी हैं।

—प्रकाशक

अनुक्रम

ज्योतिष में योग का स्वरूप

मंदिर में भोग, अस्पताल में रोग और ज्योतिष में योग का बड़ा महत्त्व है। योग शब्द की विस्तृत व्याख्या की आवश्यकता नहीं है। योग मिलन का पर्याय है। दो वस्तुओं के मिलने को **"योग"** एवं अलगाव को **"वियोग"** कहते हैं। ज्योतिष में हमें यही अर्थ अभिप्रेत है। एक से अधिक प्रकार की ग्रह-स्थितियों के विशेष तालमेल को योग कहते हैं। इन योगों के आधार पर की गई भविष्यवाणियां अधिक वैज्ञानिक एवं सटीक होती हैं। ये योग ही फलित ज्योतिष का आधार स्तंभ हैं। यदि इन योगों को समझने में कहीं गलती हो जाए, कुछ त्रुटि रह जाए तो संपूर्ण फलित ज्योतिष का भवन ही नीचे गिर जायेगा। अत: यह बात भली-भांति समझ लेनी चाहिए कि योग के बिना फलित ज्योतिष का कहीं कुछ अस्तित्व शेष नहीं रह जाता।

ज्योतिष के दो भाग हैं गणित और फलित। गणित एक गणनात्मक प्रक्रिया है, जिसकी जगह कैलकूलेटर एवं कंप्यूटर ने ले ली है। जिसकी वजह से मनुष्य का महत्त्व ही समाप्त हो गया है क्योंकि कंप्यूटर मनुष्य से अधिक तेज गति से एवं सही व सूक्ष्म गणित कर लेता है। ज्योतिष का सर्वाधिक चमत्कारी एवं रोचक पक्ष है फलित। कंप्यूटर अभी फलादेश कहने में पूर्ण समर्थ नहीं हो पाया है क्योंकि फलादेश अनुभवगम्य है, कंप्यूटर के पास 'मैमोरी' तो है, पर अनुभव नहीं। **फलादेश की सत्यता ईश्वर (इष्ट) कृपा पर भी अवलंबित है। इष्ट कृपा ज्योतिष में अनिवार्य है। इष्ट कृपा से ही ज्योतिष की सुगंध फैलती है अन्यथा**

वह एक निर्गंध पुष्प है। इष्ट कृपा साधना से प्राप्त होती है। मशीनें साधनाएं नहीं कर सकतीं क्योंकि वे निर्जीव हैं, आत्मा व चैतन्य शक्ति से शून्य जड़ पदार्थ है। अतः कंप्यूटर इत्यादि मशीनें आदमी की सहायक तो हो सकती हैं, पर सब कुछ नहीं।

अब फलित ज्योतिष में सिद्धहस्तता प्राप्त करने के लिए मनुष्य के पास दो ही विकल्प शेष रह जाते हैं प्रथम अध्ययन, द्वितीय साधना। अध्ययन साधना का प्रथम सोपान है। अध्ययन करते-करते मनुष्य सिद्ध हो जाता है। योग एक ऐसी ही सिद्धि है। योग को सम्यक् रूप से समझना, उन्हें हृदयंगम करना ही एक साधना है। किसी व्यक्ति को पचास-सौ योग कंठस्थ हो जाएं तो ऐसा व्यक्ति फलादेश का चैंपियन बन जाता है। लोग उसके इर्द-गिर्द घूमते हैं और अपनी कुंडली बनवाने के लिए लालायित रहते हैं। मैंने प्रैक्टिकल रूप से देखा है कि किसी भी जिज्ञासु व्यक्ति की कुंडली का सही योग बता दो, उसका श्लोक सुना दो और उसका अर्थ समझा दो, वह मंत्रमुग्ध हो जाता है तथा उस ज्योतिषी का एवं ज्योतिष विद्या दोनों का अन्यतम भक्त हो जाता है।

पिछले एक हजार वर्षों से फलित ज्योतिष में योग को लेकर कोई सही काम नहीं हुआ। ज्योतिष की प्राचीन पुस्तकों में योग इधर-उधर बिखरे मिलते हैं, उनका कोई अनुक्रम नहीं, सीमिट्री नहीं, उनकी विस्तृत व्याख्या एवं विवेचन नहीं मिलते। उन योगों को व्यावहारिक कसौटी पर भी नहीं कसा गया। उनकी सत्यता की जांच भी नहीं की गई। हजारों वर्ष पूर्व लिखे गए साहित्य की उपयोगिता में अब बदलाव आ गया है। देशकाल परिस्थितियां वातावरण-पर्यावरण चिंतन सभी कुछ तो बदल गया है। हाथी-घोड़ों की जगह कार-स्कूटर एवं हवाई जहाज ने ले ली है। चक्रवर्ती राजा, सम्राट, महाराजाधिराज, राजराजेश्वर के युग अब समाप्त हो गए। उनकी जगह अब केबिनेट मिनिस्टर, राज्यमंत्री, सांसदों एवं विधायकों ने ले ली है। सभी मानदंड बदल गए, इन बदलते मानदंडों के परिपेक्ष्य में हमें ज्योतिष के इन योगों का आधुनिकीकरण करना होगा।

दिव्य दृष्टा ऋषि-मुनि भी रहे नहीं। ऋषि क्या हैं वस्तुतः **"ऋषियो रिसर्चः कर्तारः" जो** निरंतर अनुसंधान में रत रहे, वही ऋषि हैं। सत्य की निरंतर खोज में अपने आप को तिल-तिल कर जलाकर भारतीय ऋषियों ने ज्योतिष की ज्योति को प्रज्जवलित रखा है । उन्हीं ऋषियों की प्रेरणा के प्रकाश पुंज में हमें आगे बढ़ना है। प्राचीन-ऋषि आकर के कोई नया शास्त्र बनाएंगे नहीं। अतः ऋषियों के पुनीत कार्य को भी हमें ही करना है। तभी भारतीय ज्योतिष के ज्ञान की निर्मल धारा की

अक्षुण्णता बनी रहेगी।

इसी कलिकाल में कुछ लोग ऐसे भी हैं जो ऋषियों द्वारा की गई खोज का सेहरा भी अपने सिर पर बांधना चाहते हैं। इस संदर्भ में डॉ० बी०वी० रमन द्वारा लिखित "थ्री हंड्रेड इम्पोर्टेंट कांबिनेशन" नामक पुस्तक का उल्लेख जरूर करना चाहूंगा। यह पूरी पुस्तक जातकतत्व, पाराशर एवं मानसागरी को आधार मानकर लिखी गई परंतु कहीं भी इन ऋषियों के प्रति कृतज्ञता का ज्ञापन नहीं किया गया। साथ ही मूल संदर्भित श्लोकों को भी कहीं नहीं दर्शाया गया । इसके पीछे लेखक का क्या उद्देश्य रहा होगा, यह तो वही भली-भांति बता सकता है। परंतु पूर्वाचार्यों एवं ऋषियों के प्रति कृतघ्नता का इससे बड़ा उदाहरण और कहीं नहीं मिल सकता। ज्ञान के दोहन एवं शोषण की यह पराकाष्ठा है।

आंग्लप्रेमी ज्योतिष के ऐसे नक्कालों से ज्योतिष जगत को क्या फायदा हुआ इसे बाद में सोचा जाएगा परंतु जो प्रत्यक्ष नुकसान हो रहा है वह अक्षम्य है। प्रत्यक्ष नुकसान यह हुआ कि आम पाठक भारतीय ऋषियों से दूर होता चला गया तथा असलियत में भटक गया। सूटेड-बूटेड आंग्लप्रेमी सज्जन ऋषियों के पिष्टपेषण को, उनके वमन को, उनके झूठन को चटकारे ले-लेकर चाट तो रहा है परंतु प्रशंसा करेगा, उनके छद्मधारी लेखक की जिसने विदेशी भाषा में पाठक को यह सामग्री परोसी है। परिणाम यह हुआ कि आम पाठक भारतीय ज्योतिष से दूर होता चला गया और मूल संदर्भ के अभाव में ज्योतिष विद्या भी विकृत होती चली गई। अत: मेरा प्रबुद्ध पाठकों से निवेदन है कि कोई भी ज्योतिष सामग्री पढ़ने से पूर्व यह जरूर देखें कि इसका मूल कहां है "इसकी जड़ कहां है ?" जिस प्रकार वकील बहस के समय अपनी धाराएं प्रस्तुत करता है, ठीक उसी प्रकार से विद्वान् ज्योतिषी को भी फलादेश देते समय ऋषियों को उद्धृत करना चाहिए। तभी सच्चाई एवं पवित्रता कायम रहेगी।

ज्योतिषी को ऐसा दंभ कभी नहीं करना चाहिए कि मैंने उसको कहा तेरे पुत्र होगा और हो गया। वस्तुत: हम कहने वाले कौन होते हैं ? यह तो ऋषियों की वाणी थी। ऋषियों ने, पूर्वाचार्यों ने हमको बताया कि अमुक कुंडली में अमुक योग के कारण, अमुक जातक के लड़का होगा। हमने वही पढ़कर ज्योतिष के आधार पर भविष्यवाणी की तेरे पुत्र होगा। वास्तव में पुत्र हुआ तो आभार तो हमें ज्योतिष विज्ञान का एवं ऋषियों का मानना चाहिए तभी हम कृतज्ञ कहलाएंगे। **ज्योतिष विज्ञान का पहला पाठ यह है कि ज्योतिषी को दंभी, अहंकारी एवं कृतघ्न नहीं होना चाहिए।**

यदि हम दैविक संकेत से सही भविष्यवाणी करने में सफल होते हैं तो हमें

दैवी-शक्ति का आभार मानना चाहिए। हमें कभी यह नहीं भूलना चाहिए कि हम तो केवल मात्र माध्यम हैं, मिडियेटर हैं। जब तक हम विनम्र हैं, कृतज्ञ हैं, दैविक शक्ति हमारे साथ रहेगी, मां सरस्वती का वरदहस्त भी हम पर अक्षुण्ण बना रहेगा। जब हम अनाधिकृत चेष्टाकर अहं की तुष्टि में लग जाएंगे, ज्योतिष का दिव्य ज्ञान एवं दैवी शक्ति दोनों हमारा साथ छोड़ देंगी। हम मात्र गणितज्ञ बन कर रह जाएंगे। जन्मपत्री बना लेंगे, दशाएं निकाल देंगे, पर उनके आधार पर की गई भविष्यवाणी सही सिद्ध नहीं होगी। इसलिये ध्यान रहे कि हमें निर्गंध-पुष्प बनने की चेष्टा नहीं करनी चाहिए।

जन्म कुंडली के विवेचनात्मक अध्ययन से हमें साधारण व सामान्य फलादेश की जानकारी ही प्राप्त हो सकती है। विशेष एवं सटीक फलादेश तो हमें **'योग'** से ही प्राप्त होते हैं। उदाहरणार्थ व्यक्ति धनवान है या गरीब "धनवान है तो कितना" संतान है या नहीं? है तो कितनी, नहीं है तो क्यों नहीं है? इसका कारण भी हमें योग ही बताएगा। इसके बाद योगों की निवृत्ति के उपाय भी दिए गए हैं। यह सबसे महत्त्वपूर्ण बात है जो इस ग्रंथ में आप देखेंगे। ऐसा डॉक्टर क्या काम का, जो हमें बीमारी तो बता देता है पर उसका इलाज नहीं बताता!! निदान के बिना कोई भी विद्या अधूरी ही मानी जाएगी। यही हाल ज्योतिषी का है वह शास्त्रवचनों के अनुसार "अरिष्ट कथन" तो कर देगा और वह अरिष्टयोग यजमान की कुंडली में बराबर मिल रहा है परंतु इसका उपाय, निराकरण न बताया तो यजमान छटपटा कर रह जाएगा। मछली को पानी के बाहर निकाल कर छोड़ने से जिस प्रकार मछली तड़फती है ठीक उसी प्रकार से व्याकुलता यजमान को हो जाती है: **यदि हम उपाय न बतावें तो ज्योतिष की उपयोगिता पर प्रश्नवाचक चिन्ह लग जाएगा। उपाय बताने के लिए ज्योतिषी को धर्मशास्त्र, संस्कृत एवं कर्मकांड का ज्ञान होना अनिवार्य है। कर्मकांड धर्मशास्त्र के ज्ञान के बिना ज्योतिषी की स्थिति उस वृक्ष के समान हो जाती है जिसकी अनेक शाखाएं तो हैं, उस पर पत्ते भी हैं, पुष्प भी हैं पर फल नहीं। ज्योतिष विज्ञान का दूसरा महत्त्वपूर्ण पाठ यह है कि हमें फलदार वृक्ष बनने की चेष्टा करनी चाहिए।** हमारे यहां से व्यक्ति कभी निराश नहीं लौटना चाहिए। हमें अंधेरे में प्रकाश की किरण की तरह व्यक्ति के मन-मस्तिष्क में आशावादी विचार भरने होंगे। आशारूपी फल को प्राप्त करने पर मनुष्य का जीवन सार्थक हो जाता है।

याद रखें ईश्वर के पश्चात् ज्योतिषी वह पहला व्यक्ति है जो आपके बारे में सही जानकारी रखता है। कठिनाई के क्षणों, में विपत्ति की घड़ियों में या ऐसे समय में जब व्यक्ति के पुरुषार्थ का जोर नहीं चलता व्यक्ति सीधा मंदिर, मस्जिद

या गिरजाघरों में जाता है या फिर सीधा ज्योतिषी की शरण में जाकर अपने दु:ख दर्द की फरियाद करता है। निर्जीव पत्थर तो बोलते नहीं, पर ईश्वर की वाणी ज्योतिषी के मुखार बिन्द से प्रकट होती है। ऐसे में ज्योतिषी की जिम्मेदारी और अधिक बढ़ जाती है। भारत में विद्वान् ज्योतिषी हो और ब्राह्मण हो तो लोग उसे ईश्वरतुल्य सम्मान देते हैं। भारत में भविष्यवक्ता को इतना सम्मान नहीं मिलता जितना ज्योतिषी को, भविष्यवक्ता होना और बात है तथा ज्योतिष शास्त्र का अध्येता होना अलग महत्त्व रखता है। वराहमिहिर ने भी कहा है—

म्लेच्छा हि यवनास्तेषु सम्यक् शास्त्र मिदं स्थितम्।
ऋषिवत्तेऽपि पूज्यन्ते किं पुनर्दैवविद्द्विज: ॥

—*बृहत्संहिता* 1/30

अर्थात् व्यक्ति कितना भी पतित हो, शूद्र हो, म्लेच्छ, चाहे यवन ही क्यों न हो, इस ज्योतिष शास्त्र को सम्यक् (भली-भांति) अध्ययन से ऋषि के समान पूजनीय हो जाता है। इस दिव्य ज्ञान की गंगास्नान से व्यक्ति पवित्र व पूजनीय हो जाता है। फिर उस ब्राह्मण की क्या बात, जो ब्राह्मण भी हो, वैदज्ञ भी हो और इस दिव्य विद्या को जानता हो, अर्थात् उसकी अग्रपूजा तो निश्चित ही होती है।

इस श्लोक में 'सम्यक्' शब्द पर विशेष जोर दिया गया है। सम्यक्ज्ञान गुरु कृपा से ही आता है। पुस्तक के माध्यम से आप गुरु के विचारों के समीप जरूर पहुंचते हैं पर अंततोगत्वा वह किताबी ज्ञान ही कहलाता है। भारतीय वांङ्मय में गुरु का बड़ा महत्त्व है। कई जगह तो गुरु को ईश्वर से बड़ा दर्जा दे दिया गया।

गुरु गोविन्द दोऊ खड़े, का के लागू पाय।
बलिहारी गुरुदेव की, गोविन्द दियो बताय॥

शास्त्रकारों ने निर्देश दिया है कि गुरु की आज्ञा के बिना जो शास्त्र का प्रयोग करता है, वह वस्तुत: ज्ञान की चोरी करता है, उसकी विद्या कुंठित हो जाता है। कर्ण को परशुराम ने यही शाप दिया था कि—**"तूने छल से विद्या प्राप्त की है, इसलिए जब इस शास्त्रविद्या की तुझे सबसे ज्यादा आवश्यकता प्रतीत होगी, उस समय यह विद्या तेरा साथ छोड़ देगी।"** एक व्यक्ति के जीवन में अनेक गुरु होते हैं। भगवान दत्तात्रेय के 24 गुरु थे, एक जगह तो उन्होंने कुत्ते को भी अपना गुरु माना। कहने का तात्पर्य यह है कि जिससे भी कुछ ज्ञान प्राप्त किया जाए वह "गुरु" है। गुरु की कोई उम्र नहीं होती, विद्या की कोई वय नहीं होती। गुरु के सानिध्य में, उसके आशीर्वाद से जो विद्या प्राप्त की जाती है उसकी तीव्रता, तीक्ष्णता एवं सिद्धि कुछ और होती है। गुरुमार विद्या मनुष्य को पतन के मार्ग की

ओर ले जाती है। **ज्योतिष का तीसरा पाठ यह है कि भारतीय परंपरा के अनुसार व्यक्ति को पके हुए फूलों की डाल की तुरह झुककर के (विनम्रता से) गुरु मुख से विद्या ग्रहण करनी चाहिए।**

ज्योतिष का चौथा और अंतिम पाठ यह है कि बिना पूछे सलाह नहीं देनी चाहिए। हंसी-दिल्लगी व मनोविनोद में पूछे गए प्रश्नों का जवाब एवं अपात्र व्यक्ति को इस विद्या का उपदेश नहीं देना चाहिए। कुपात्र से बहस नहीं करनी चाहिए। चाहें वह आपका पुत्र ही क्यों न हो जिज्ञासु सज्जन की शंका का समाधान एकांत में पूर्ण गंभीरता एवं गोपनीयता के साथ करें। **जब तक जिज्ञासु सज्जन फल-पुष्प-नारियल और दक्षिणा के साथ यथाशक्ति विज्ञ दैवज्ञ का सम्मान न करे तब तक दैवज्ञ इस दिव्य विद्या का उपदेश न करे। प्रकृति का नियम है जो खाली आता है, वह खाली जाता है, विद्या का आदर किए बिना विद्या नष्ट हो जाती है। विद्वान् ब्राह्मण के वचन भी खाली चले जाते हैं।** अतः विज्ञ पाठकों को भी चाहिए कि सरस्वती के प्रांगण में न ही निरर्थक जाना चाहिए, न ही निरर्थक प्रश्न पूछने चाहिएं। यथा—

"अस्पृष्टो नैव भाषेत, भविष्यं नैव वाचयेत्।
स नक्षत्र सूचको निन्द्यः वर्जितः दैव कर्मणि॥"

अर्थात् गुरु, मंदिर व राजा के पास खाली हाथ नहीं जाना चाहिए। घर-घर जा कर बिना पूछे ही ज्योतिष-फल बताने वाला "नक्षत्रसूचक" कहा गया है। वराहमिहिर, सुमंतु, कश्यप, ब्रह्मपुराण, वशिष्ठ, गर्ग आदि सभी महर्षियों ने नक्षत्रसूचक की निंदा की है तथा उसे दैव कर्म के लिए अयोग्य घोषित किया है। फलितज्ञ को चाहिए कि —"जिन वचनों के द्वारा, व्यक्ति या देश को हानि या दुःख हो जाए"। न बतावे ! जैसे—जुआ का मुहूर्त, सट्टे-लाटरी के नबंर, चोरी का मुहूर्त, अमुक देश पर संकट आएगा, कार्य-करण संबंध पर विचार किए बिना भविष्य बताना। समाचार-पत्रों में बिना मांगे ही राजनैतिक भविष्यवाणियां करना, राजनेताओं का भविष्य प्रकाशित करना, गोपनीयता को भंग करना, किसी कन्या-स्त्री के गुप्त प्रसंगों को प्रकाशित करना, ये सभी बातें प्रत्येक दृष्टिकोण से नैतिक नियमों के विरुद्ध हैं।" ऐसा ज्योतिषी 'अयोग्य' होता है। अतः विज्ञ ज्योतिषी को गुरुवचनों से, नैतिक नियमों से आबद्ध होकर मर्यादा में रहना चाहिय, तभी भारतीय ज्योतिष की साख बढ़ेगी।

—पं० भोजराज द्विवेदी
संपादक "अज्ञातदर्शन" (पाक्षिक)
प्रथम बी रोड, गोलबिल्डिंग के पीछे
सरदारपुरा, जोधपुर (राज०)

दूरभाष : 31883

भवन योग : एक चिंतन

उत्तम भवन प्राप्त करना एक सौभाग्य है तथा मनुष्य जीवन की सार्थकता का प्रथम सोपान है। मकान मनुष्य जीवन का परम लक्ष्य एवं उसकी पहचान का पर्याय हो गया है। मनुष्य जीवन के पुरुषार्थ, पराक्रम एवं अस्तित्व की सबसे पहली पहचान यह है कि उसका निजि मकान है या नहीं? है तो कैसा? और कितने? ये योग मनुष्य के पुरुषार्थ व पराक्रम की दूसरी, तीसरी पहचान के रूप में मुखरित होते हैं। आबादी के अनुरूप हर व्यक्ति को मकान मिले यह संभव नहीं है। आधी से अधिक दुनिया किराये के मकानों में रह रही है तो एक-चौथाई आबादी के लोग हाऊसिंग बोर्ड के मकानों के चक्कर लगा-लगाकर दु:खी हो रहे हैं। कुछ किरायेदार जबरदस्ती मकान मालिक बने मौज उठा रहे हैं। तो कुछ मकान मालिक घर का मकान होते हुए भी बेघर हैं। कुछ मकानों में गृहस्वामी को सुख संपन्नता और सफलता प्राप्त होती है तो कुछ मकानों में मकान मालिक असफल, दु:खी व दरिद्र है। कोई एक भूतल के टूटे-फूटे कमरों में पड़ा है तो कोई पांच-दस मंजिल वाली आलीशान कोठी का स्वामी है। ऐसी सम-विषम परिस्थितियों में भवन योग पर सम्यक चिंतन मानवीय जीवन की अतिआवश्यक एवं महत्त्वपूर्ण मांग है। ज्योतिष वर्ग ने इस विषय पर खुलकर चर्चा नहीं की। विभिन्न उपाधियों के बंदर-बांट में उलझे हुए आज के युग को, ज्योतिष-सम्मेलनों, सेमिनारों एवं गोष्ठियों ने ज्योतिष की शोध प्रवृत्ति पर एक प्रकार से अकुंश-सा लगा रखा है। सरकार से सहयोग नहीं? तो फिर इस विषम परिस्थितियों वाले

आर्थिक युग में कोई क्यों कर ज्योतिष में शोध करेगा ? अस्तु !

भूमि का कारक ग्रह मंगल है। जन्म कुंडली का चतुर्थ भाव, भू-भूमि एवं भवन से संबंध रखता है-। उत्तम भवन की प्राप्ति के लिए चतुर्थेश की केंद्र-त्रिकोण में मजबूत स्थिति होना सबसे आवश्यक शर्त है। चतुर्थेश उच्च का, मूलत्रिकोण, स्वगृही, उच्चाभिलाषी, मित्रक्षेत्री, शुभ ग्रहों से युत हो या शुभ ग्रहों से दृष्ट हो तो निश्चय ही मकान का सुख देता है, यह दूसरी शर्त है। जन्म कुंडली में भूमिकारक ग्रह मंगल की स्थिति का सुदृढ़ होना तीसरी शर्त है। चतुर्थभाव (सुखस्थान) पर शुभाशुभ ग्रहों की युति, दृष्टि एवं प्रभाव का आंकलन अलग से करना होगा। मकान सुख के लिए चतुर्थभाव या मंगल का अध्ययन ही पर्याप्त नहीं है भवन के पूर्ण सुख के लिए लग्न व लग्नेश का बलवान होना बहुत जरूरी है यह भी आवश्यक शर्त है, नहीं तो आपके बने बनाए मकान पर कोई दूसरा कब्जा कर लेगा। इसके अतिरिक्त दसमेश, नवमेश व लाभेश का सहयोग जरूरी है। कुल मिलाकर भवन से संबंधित विभिन्न योगायोगों का अध्ययन किए बिना, उपरोक्त प्रश्नों का निर्मूल समाधान नहीं किया जा सकता है। भवन से संबंधित विविध योगायोगों को एकत्रित करने का मैंने इस दिशा में एक अल्प प्रयत्न किया है। मुझे विश्वास है कि ज्योतिषशास्त्र के अध्येता एवं प्रबुद्ध पाठक वर्ग इसका पूरा-पूरा लाभ उठाएंगे।

(1) उत्तम गृह योग

गृहेश बलाढ्ये केन्द्रे शुभदृष्टे गृहलाभः ।

—जातकतत्वम् 4/87

निष्पत्ति — चतुर्थेश किसी शुभ ग्रह के साथ युति करके केंद्र-त्रिकोण (1, 4, 5, 7, 9, 10) में हो तो यह योग बनता है ।

परिणाम — ऐसे व्यक्ति का अपने स्वयं की मेहनत का बनाया हुआ उत्तम मकान होता है और मकान में सभी प्रकार की सुख सुविधाएं होती हैं ।

(2) स्वअर्जित भवन सुख (परिवर्तन से)

लग्नेशेऽअम्बुगे सुखेशे अंगे गृहलाभः ।

—जातकतत्वम् 4/86

निष्पत्ति — लग्नेश चतुर्थ स्थान में हो और चतुर्थेश लग्न में हो तो यह योग बनता है ।

परिणाम — इस योग में जन्मा जातक अपने स्वयं के पराक्रम व पुरुषार्थ से स्वयं का मकान (भवन) बनाता है ।

(3) बड़े बंगले का योग

तुर्येऽशां च्यान्द्राच्छौ प्रासादवान् ।

अथवा

(4) **तुर्येऽशां दुच्चाग्रहे प्रासादवान् ॥**

निष्पत्ति— चतुर्थ भाव में यदि चंद्र और शुक्र हो अथवा चतुर्थ भाव में कोई उच्च राशिगत ग्रह हो, चतुर्थेश केंद्र त्रिकोण में हो तो यह योग बनता है ।

परिणाम— ऐसा जातक बड़े बंगले व महलों का स्वामी होता है । ऐसे मनुष्य घर के बाहर बगीचा, घर में जलाशय एवं सुंदर कलात्मक ढंग से बने भवन का स्वामी इस योग में जन्मा मनुष्य होता है ।

(5) विचित्र गृह योग

खतुर्येशी चंद्रमंद युतौविचित्रं वेश्मः ।

—जातकतत्वम् 4/82

निष्पत्ति — चतुर्थेश व दशमेश चंद्रमा व शनि से युक्त हो तो यह योग बनता है ।

परिणाम — इस योग में जन्म लेना वाले प्राणी का मकान (गृह) बहुत ही सुंदर नये साज-सज्जा समान से युक्त और लोगों से हटकर कुछ विचित्र प्रकार का होता है ।

(6) विचित्र प्रकार गृह योग

निष्पत्ति — चतुर्थेश व दशमेश युति करके शनि और मंगल के साथ हो तो यह योग बनता है ।

परिणाम — ऐसे जातक के पास तरह-तरह के मकान होते हैं ।

विशेष — यह योग प्रत्यक्षतः चार ग्रहों की युति का योग है, जिसमें दो शर्तें हैं—

1. चतुर्थेश एवं दशमेश की युति ।
2. मंगल एवं शनि की युति ।

साधारणतः शनि और मंगल की युति में हानि होती है पर यह योग उसका अपवाद है ।

(7) अकस्मात् घर प्राप्ति के योग

तुर्यागपौ तुर्येऽकस्माद् गृहाप्तिः ।

—जातकतत्वम् 4/91

निष्पत्ति — चतुर्थेश व लग्नेश दोनों चतुर्थ स्थान में हों तो यह योग बनता है ।

परिणाम — इस योग में जन्म लेने वाले मनुष्य को अकस्मात् घर की प्राप्ति होती है । ऐसा घर प्रायः दूसरों द्वारा बना-बनाया होता है ।

(8) एक से अधिक मकानों का योग

तुर्यपत्यौ चरर्क्षे कारके वा तथा बहुगृहवासः ।

—जातकतत्वम् 4/99

निष्पत्ति — चतुर्थ स्थान या चतुर्थेश दोनों चर राशि (1, 4, 7, 10) में हो, चतुर्थेश शुभ ग्रहों से युत या दृष्ट हो तो यह योग बनता है ।

परिणाम — ऐसा जातक बहुत-से मकानों में रहता है एवं मकान बदलते रहते हैं यदि चर की जगह स्थिर राशि (2, 5, 8, 11) हो तो जातक के स्थाई मकान होते हैं ।

(9) एक से अधिक मकानों का योग

लग्नावर्थेशा यावन्तः केन्द्रकोणे तावन्तो गृहा : शोभना ।

—जातकतत्वम् 4/100

निष्पत्ति-- चतुर्थेश बलवान हो तो तथा लग्नेश, चतुर्थेश, धनेश इन तीनों में से जितने ग्रह केंद्र त्रिकोण में हों जातक के उतने ही अच्छे मकान होते हैं ।

(10) वाहन, मकान व नौकर सुखयोग (परिवर्तन से)

भाग्येशे धनभावस्थे धनेशे भाग्यराशिगे ।
द्वांत्रिशात्परतो भाग्यं वाहनं कीर्तिसम्भवः ।।

—बृहत्पाराक्षर अ.20/ श्लोक 10

निष्पत्ति — भाग्येश (नवमेश) द्वितीय भाव में और द्वितीयेश नवम भाव में परस्पर परिवर्तन करने बैठें तो यह योग बनता है ।

परिणाम — इस योग में जन्मे जातक का भाग्योदय 12वें वर्ष में होता है । बत्तीसवें वर्ष के बाद जातक को वाहन, मकान और नौकर-चाकर का पूर्ण सुख मिलता है ।

(11) अयत्न गृह प्राप्ति योग

निष्पत्ति — लग्नेश व सप्तमेश लग्न में हों तथा चतुर्थ भाव पर शुभ ग्रहों का प्रभाव हो तो यह योग बनता है ।

परिणाम — ऐसे जातक को बिना विशेष प्रयत्न के घर मिल जाता है ।

(12) अयत्न गृह प्राप्ति योग

निष्पत्ति — लग्नेश व चतुर्थेश लग्न में हो तथा चतुर्थ भाव शुभ ग्रहों से दृष्ट हो तो यह योग बनता है ।

परिणाम — ऐसे जातक को बिना विशेष प्रयत्न के घर मिल जाता है ।

(13) अयत्न गृह प्राप्ति योग

निष्पत्ति — चतुर्थेश उच्च, मूल त्रिकोण या स्वगृही हो तथा नवमेश केंद्र में हो तो यह योग बनता है ।

परिणाम — ऐस जातक को बिना विशेष प्रयत्न के घर मिल जाता है ।

(14) अयत्न गृह प्राप्ति योग

निष्पत्ति — लग्नाधिपति और सप्तमाधिपति को लग्न या चौथे भाव में होना चाहिए और शुभ ग्रहों से दृष्ट होना चाहिए । नवमाधिपति को केंद्र में होना चाहिए और चतुर्थेश का उच्च, मूल त्रिकोण या स्वगृही होना आवश्यक है ।

परिणाम — जातक बहुत थोड़े प्रयास से पर्याप्त भवन संपत्ति को प्राप्त करता है ।

(15) गृह नाश योग

निष्पत्ति — चतुर्थेश द्वादश में हो तथा पापग्रह से युत या दृष्ट हो तो यह योग बनता है ।

परिणाम — ऐसे जातक को अपनी खुद की सम्पत्ति एवं मकान से हाथ धोना पड़ता है । या तो मकान रिश्तेदार हड़प्प लेते हैं या किरायेदार मकान खा जाता है । यह योग किसी भी प्रकार से गृहनाश को बताना है ।

उपाय — चतुर्थेश को बलवान करना चाहिए । उसका जाप करें एवं रत्न विधि-विधान से धारण करें ।

(16) गृहनाश योग

निष्पत्ति — चतुर्थेश के नवमांश का स्वामी बारहवें चला गया हो तो यह योग बनता है ।

परिणाम — ऐसे जातक को अपनी खुद की सम्पत्ति एवं मकान से हाथ धोना पड़ता है ।

(17) भूमि यानादि गृह योग

निष्पत्ति— **स्वगेहे स्वांशके स्वोच्चे सुखस्थानाधिपो यदि ।**
भूमि-यान-गृहादीनां सुखं वाद्यभवं तथा ॥

—बृहत्पाराशर होराशास्त्र 15/3

परिणाम — यदि सुखेश स्वगृह, स्वनवांश, स्वोच्च में हो तो उस जातक को गृहभूमि, सवारी, खेती, माता आदि से पूर्ण सुख तथा बाजे आदि (संगीत विद्या) से भी सुख समझना ।

(18) उत्तम कोठी योग

निष्पत्ति **कर्माधिपेन संयुक्ते केद्रे कोणे गृहाधिमे ।**
विचित्रसौधपाकारैर्मण्डतं तद्गृहं वदेत् ॥

—बृहत्पाराशर होराशास्त्र 15/9

परिणाम — सुखेश यदि दशमेश के साथ केंद्र त्रिकोण में हो तो उत्तम श्रेणी का मकान होता है ।

वाहन योग : एक चिंतन

प्राचीन जमाने में वाहन का अर्थ घोड़ों द्वारा खींची जाने वाली गाड़ी, रथ एवं पालकी से होता था। राजा-महाराजा, बड़े-बड़े जागीरदारों के पास ही इस प्रकार के वाहन उपलब्ध होते थे। निश्चय ही उस जमाने में वाहन का स्वामी एक सौभाग्यशाली व्यक्ति होता था। ज्योतिष में वाहन योगों के अंतर्गत गजयोग, अश्वयोग की भी चर्चा की गई है। गज पर सवारी करने वाला व्यक्ति कोई सम्राट, बादशाह, सेनापति होता था या फिर कोई बड़ा भारी मठाधीश या महंत। अब बींसवीं शताब्दी में सभी कुछ बदल गया है। युग की आवश्यकताएं, परिस्थितियां, हमारे रहने का तरीका, दैनिक जीवन की शैली सभी कुछ बदल गया है। वाहन अब ऐश्वर्य शक्ति प्रदर्शन नहीं, जीवन की आवश्यकता बन गया है। अब वाहन का अर्थ मोटर-गाड़ी, स्कूटर, कार, मारुति वेन, मेटाडोर, मर्सीडीज, भारी ट्रकों, लक्जरी बस, वायुयान से हो गया है। ज्योतिष में अनेक जगह चर्चा आती है कि इसके घर के बाहर हाथी-घोड़े बंधे रहेंगे निश्चय ही ऐसे योगों की सार्थकता से इंकार नहीं किया जा सकता। आज के बदले हुए युग में ऐसे व्यक्ति की बिल्डिग में ट्रकों-कारों का गैराज होगा एवं वह स्वयं इस प्रकार के उच्च वाहनों का स्वामी होगा। अमेरिका में मैंने देखा एक-तिहाई गृहस्वामियों के घरों में व्यक्तिगत हैलिकाप्टर है। अब समय आ गया है जब हमें ज्योतिष के प्राचीन प्रारूप को आधुनिक मान्यताओं एवं नई परिभाषाओं में बदलना होगा। इसके लिए ज्योतिष वर्ग के ही किसी युवा तपस्वी को ही आगे आना होगा।

वाहन का कारक ग्रह शुक्र है। जन्मकुंडली में चौथा भाव वह स्थान है, जहां से हमें वाहन सुख, नौकर-चाकर एवं व्यक्ति के ऐश्वर्य एवं संपन्नता का पता चलता है। यदि शुक्र चतुर्थेश के साथ चतुर्थभाव में ही बैठा हो तो जातक के पास असाधारण (उत्तम) वाहन होगा। यदि शुक्र एकादश या नवमे (भाग्य) भवन में हो तो जातक के पास अनेक वाहन होंगे। यदि चतुर्थेश चंद्रमा से संबंध रखता हो तो जातक के पास चार घोड़ों द्वारा खींची जाने वाली गाड़ियां होंगी। अब घोड़ों से मतलब "हार्सपावर" से भी ले सकते हैं ऐसे जातक के पास चार से अधिक शक्तिशाली हार्सपावर वाली सफेद या क्रीम कलर की कार होगी। चतुर्थेश केंद्र में शुभग्रहों के साथ हो तो भी वाहन की प्राप्ति होती है। अब वाहन किस श्रेणी का मिलेगा, वाहन नया होगा या पुराना (सैकंड हैंड) होगा इस पर प्रबुद्ध ज्योतिषी को विशेष चिंतन करना होगा। हमारा अनुभव है कि यदि शुक्र या चतुर्थेश या चौथे भाव के साथ मंगल किसी भी प्रकार से संबंध जोड़ता है तो ऐसा व्यक्ति पुराना (सेकंड हैंड) ही वाहन खरीदेगा। ऐसा व्यक्ति मकान भी खरीदेगा तो दूसरों का बनाया हुआ सेकड हैंड क्योंकि मंगल ग्रहों का सेनापति है। सेनापति हमेशा राजा के दिए हुए भवन में रहता है। मंगल एक प्रकार से थानेदार है जो दूसरों के दिये हुये थाने में अपने ढंग से मरम्मत करा कर रहता है। सूर्य ग्रहों का राजा एवं चंद्रमा रानी है। सूर्य और चंद्रमा से प्रभावित व्यक्ति पुराने मकान में नहीं रहेगा न ही सैकंडहैंड वाहन खरीदेगा। इस प्रकार से ग्रहों के सूक्ष्म चरित्र को समझना होगा।

अब रहा वाहन की श्रेणी का प्रश्न? तो शास्त्र आदेश देता है कि **'दश कालौ परिस्थिति विचिन्त्य'** देशकाल परिस्थिति को देखकर, अच्छी तरह सोच-समझ कर भविष्यवाणी करनी चाहिए। जातक किस प्रकार के परिवार-खानदान एवं आर्थिक माहौल में जन्मा है, यह देखना जरूरी है। यदि एक राजा, मिनिस्टर एवं धन्ना सेठ की कुंडली में उत्तम वाहन योग है तो वह तो निश्चय ही कोंटेसा, सेवरलेक, मारूति 1000 ही खरीदेगा। एक मध्यम वर्ग में जन्मा व्यक्ति स्कूटर खरीदकर ही खुश होगा। एक निम्न वर्ग, परिस्थिति में जन्मा व्यक्ति लूना या साईकल खरीदकर प्रसन्न होता है और मिठाई बांटकर वाहन योग की सार्थकता सिद्ध कर देता है।

एक ही समय में, एक ही प्रकार से बोया गया बीज, जिस प्रकार गिलास, गमला, बाल्टी, खुंली एवं शुष्क जमीन तथा खुली एवं उर्वरक जमीन में बोने पर अलग-अलग प्रकार से अंकुरित, उत्पादित, प्रस्फुटित एवं पुष्टित होता है ठीक उसी प्रकार से ज्योतिष शास्त्र में एक ही प्रकार की जन्म कुंडलियों में पड़ा एक समान

वाहन योग, अलग-अलग सम-विषम परिस्थितियों व स्थान भेद के कारण अलग-अलग प्रकार के वाहन योगों की संभावनाओं को जन्म देगा। एक प्रबुद्ध ज्योतिषी एवं समझदार पाठक इस बात को भली-भांति समझकर ही, आगे दिए वाहन योगों की सार्थकता को सिद्ध करेगा। ऐसी आशा की जा सकती है।

वाहन सुख योग

(18) वाहन (स्कूटर योग)

चन्द्राद् द्यूने शुक्रे यानवान्।

अथवा

(19) **चन्द्रात् सिते सोत्थाने यानवान्।**

—जातकतत्वम् 11/6

निष्पत्ति — चंद्रमा से तृतीय, सप्तम या एकादश स्थान में शुक्र हो तो यह योग बनता है।

परिणाम — ऐसे जातक के पास अपना निजि वाहन होता है, चाहे छोटा ही क्यों न हो।

(20) वाहन योग

निष्पत्ति — लग्नेश, चतुर्थेश, नवमेश या लाभेश से युत हो तो यह योग बनता है।

परिणाम — इस योग में जन्मे जातक को सभी प्रकार की भौतिक सुख सुविधा एवं उत्तम वाहन, कार-स्कूटर की प्राप्ति होती है।

(21) वाहन सुख योग

धर्माय खेशास्तुर्ये वाहन सुखम्।

—जातकतत्वम् 11/13

निष्पत्ति — नवमेश, दशमेश या लाभेश यदि ये तीनों ग्रह चतुर्थ में स्थित हो तो यह योग बनता है।

परिणाम — इस योग में जन्मे जातक को वाहन का पूर्ण सुख मिलता है।

(22) वाहन सुख योग

श्वे उच्च गखेटे धर्मागेश दृष्टे वाहन सुखम्।

—जातकतत्वम् 11/14

निष्पत्ति — दशम भाव में कोई भी उच्च का ग्रह स्थित हो और उस ग्रह को लग्नेश या नवमेश देखता हो तो यह योग बनता है।

परिणाम — इस योग वाले जातक की जीवन में वाहन का पूर्ण सुख मिलता है, इसमें संदेह नहीं।

(23) गजयोग

निष्पत्ति — सप्तमेश एकादश स्थान में चंद्रमा के साथ हो तथा लाभेश से युत या दृष्ट हो तो यह योग बनता है।

परिणाम — ऐसे जातक के पास हाथी-घोड़े एवं पशुधन की बहुलता रहती है। ऐसा जातक धनी-मानी एवं सुखी होता है। गजयोग के कारण जातक के पास तरह-तरह के उत्तम वाहन रहते हैं। इसमें कोई संदेह नहीं है।

विशेष — बहुत संभव है ऐसे जातक को ससुराल में वाहन मिले।

(24) उत्तम वाहन *(कार)* योग

निष्पत्ति — चतुर्थेश उच्च का हो, जिस राशि में वह (चतुर्थेश), उच्च का हो, उसका स्वामी केंद्र-त्रिकोण में हो तो यह योग बनता है।

परिणाम — इस योग में जन्मे जातक को सभी प्रकार की भौतिक सुख-सुविधाओं के साथ उत्तम वाहन की गति होती है। अनुभव में यह देखा गया है कि यह योग जातक को उत्तम वाहन

के रूप में 'कार' वैन वगैरा दिलवाता है ।

विशेष — जातक को वाहन से आराम रहता है ।

(25) पूर्ण वाहन सुख योग

धनेशे अंगे दौशे अर्थे तुंगे कस्मिश्चिद् गृहे वाहनसुखम् ।

निष्पत्ति — धनेश लग्न में हो, दशमेश धन में हो अथवा दशमेश उच्च का होकर शुभस्थानों में हो तो यह योग बनता है ।

परिणाम — ऐसे जातक को जीवन में वाहन का पूर्ण सुख मिलता है, इसमें संदेह नहीं । बहुत संभव है ऐसा वाहन चार पहिए वाला, कार, जीप, वेन, मेटाडोर वगैरा हो ।

(26) पूर्ण वाहन सुख योग

सुखेशे सबले शुभदृष्टे युते वाहन सुखम् ।

अथवा

(27) **सुखेशे अंगे सशुक्रे वाहन सुखम् ॥**

—जातकतत्वम् 11/16

निष्पत्ति — चतुर्थेश बलवान होकर लग्न में हो अथवा चतुर्थेश बलवान होकर शुक्र से युत या दृष्ट हो तो यह योग बनता है ।

परिणाम — ऐसे जातक को जीवन में वाहन का पूर्ण सुख मिलता है, इसमें संदेह नहीं । बहुत संभव है ऐसा वाहन चार पहिए वाला कार, वेन, मेटाडोर, जीप वगैरा हो ।

(28) बहुवाहन योग

सुखेश्वरे केन्द्रगते तदीशे लग्नस्थिते वा बहु वाहनाढ्यः ।

—जातकतत्वम् 11/17

निष्पत्ति — चतुर्थ घर का स्वामी केंद्र स्थानों (1, 4, 7, 10) में हो एवं जिस भाव में चतुर्थेश हो, उसका स्वामी लग्न स्थान में हो तो यह योग बनता है ।

परिणाम — ऐसे जातक के एक से अधिक वाहन होते हैं । अतः इस योग के कारण आपको सभी प्रकार की भौतिक सुख-सुविधाएं मिलेंगी एवं आप अनेक वाहनों से युत रहेंगे ।

(29) बहु वाहन योग

सुखेशे लाभे गुरु दृष्टे बहुयानवान्।

अथवा

(30) **गुरु दृष्ट सुखेशेन सुखे दृष्टे यानवान्।**

—जातकतत्वम् 11/9

निष्पत्ति — चतुर्थ भाव का स्वामी एकादश स्थान में हो और बृहस्पति उसे देखता हो अथवा बृहस्पति जिस पर दृष्टि रखता हो ऐसा चतुर्थेश कहीं भी स्थित होकर चतुर्थ भाव को देखता हो, तो यह योग बनता है।

परिणाम — इस योग में जन्मे जातक के एक से अधिक वाहन होते हैं। उसे सभी प्रकार की भौतिक सुख-सुविधा सहज में उपलब्ध होती है।

(31) बहु वाहन योग (परिवर्तन से)

पर्मेश्वरे लग्नगते तदीशे कर्मस्थिते वा बहुवाहनाढ्यः।

—जातकतत्वम्

निष्पत्ति — दशमेश लग्न में हो एवं लग्नेश दशम में हो तो यह योग बनता है।

परिणाम — ऐसे जातक के एक से अधिक वाहन होते हैं। अतः इस योग के कारण आपको सभी प्रकार की भौतिक सुख-सुविधाएं मिलेंगी एवं आप अनेक वाहनों से युत रहेंगे।

(32) वाहन समूह योग

जीवाच्छौ सुखेश युतौ केन्द्रकोणायगौ यान व्यूहनाथः।

—जातकतत्वम् 11/6

निष्पत्ति — बृहस्पति एवं शुक्र दोनों चतुर्थेश से युक्त होकर केंद्र-त्रिकोण या एकादश (1, 2, 4, 5, 7, 9, 10, 11) स्थान में हो तो यह योग बनता है।

परिणाम — ऐसे जातक के पास बहुत-से वाहन होते हैं एवं वह वाहन समूहों का स्वामी होता है। इस योग में जन्मा जातक प्रायः किसी ट्रांसपार्ट कंपनी या ट्रेवल ऐजेंसी का स्वामी होता है। इसके पास प्रतिपल अनेक वाहन विद्यमान रहते हैं।

(33) वाहन समूह योग

इज्याच्छौ धर्मपयुतौ भाग्ये वा तुर्ये यानव्यूहनाथः ।

—जातकतत्वम् 11/11

निष्पत्ति — बृहस्पति एवं शुक्र भाग्येश से युत होकर चतुर्थ का नवम स्थान में स्थित हो तो यह योग बनता है ।

परिणाम — ऐसे जातक के पास बहुत-से वाहन होते हैं एवं वह वाहन समूहों का स्वामी होता है । इस योग में जन्मा जातक प्रायः किसी ट्रांसपोर्ट कंपनी या ट्रेवल ऐजेंसी का स्वामी होता है । इसके पास प्रतिपल अनेक वाहन विद्यमान रहते हैं ।

(34) वाहन समूह योग

धनपयुते अन्त्क्षे तुंगे भाग्यदृष्टे यान व्यूहनाथः ।

—जातकतत्वम् 11/12

निष्पत्ति — द्वादश स्थान का स्वामी यदि द्वितीयेश से युत हो और अपनी उच्च राशि में हो एवं भाग्येश उसे देख रहा हो तो यह योग बनता है ।

परिणाम — ऐसे जातक के पास बहुत-से वाहन होते हैं एवं वह वाहन समूहों का स्वामी होता हैं । इस योग में जन्मा जातक प्रायः किसी ट्रांसपार्ट कंपनी या ट्रेवल ऐजेंसी का स्वामी होता है । इसके पास प्रतिपल अनेक वाहन विद्यमान रहते हैं ।

(35) वाहन योग

मिथुनस्थो यदा राहुः सिंहस्थो भूमिनन्दनः ।
अत्र योगे नरो जातो, नृपोऽश्वगज नायकः ॥

— मानसागरी योगायोग अ4/ श्लोक 63

निष्पत्ति — मिथुन में राहु और सिंह में मंगल हो तो यह योग बनता है ।

परिणाम — इस योग में जन्म लेने वाले मनुष्य के पास घोडा, हाथी इत्यादि वाहन होते हैं एवं वह राजा के समान होता है ।

विशेष — आज बीसवीं सदी में घोड़े-हाथी की बातें व्यर्थ प्रतीत होती हैं । अब अश्व का अर्थ चार पैर वाला घोड़ा न होकर कार हो गया है । अश्व की जगह अश्वशक्ति (हार्सपॉवर) द्वारा संचालित

वाहनों ने ले ली है। हाथी का मतलब बड़े ऐश्वर्यशाली कीमती वाहन कांटेसा, सेवरलेक, मर्सडीज, ट्रक व लक्जरी बस से लिया जा सकता है। प्राचीन मानदंडों का आधुनिकीरण करने से योगों का सही अर्थ बैठ जाता है।

(36) वाहन योग

लग्नं विहाय केंद्रे, सकलकला पूरितो निशानाथः।
विदधाति महीपाल विक्रमबल वाहनोपेतम्॥

— मानसागरी, योगायोग अ.4/ श्लोक 83

निष्पत्ति — पूर्ण बली चंद्रमा यदि लग्न को छोड़कर 4, 7 व 10 वें स्थान पर हो तो यह योग बनता है।

परिणाम — इस योग में जन्मा व्यक्ति विक्रमसेना अर्थात् मित्रों की बहुत बड़ी फौज से युक्त एवं उत्तम वाहन से युक्त होता है। यह एक प्रकार का राजयोग है जो पूर्ण वाहन सुख दिलवाता है।

(37) वाहन से मृत्यु योग

निष्पत्ति — **मन्देऽष्टमे शकटान्मृत्यु॥**

—जातकतत्वम् 8/55

परिणाम — शनि यदि अष्टम स्थान में हो तो कार (गाड़ी) दुर्घटना से मृत्यु होती है।

सावधानी— 1. तेज गति से वाहन न चलावें।
2. वाहन में मारूतियंत्र अवश्य लगावें।

(38) वाहन से मृत्यु योग

निष्पत्ति — **सुखेशे षष्ठे मन्दयुते यानान्मृत्युः॥**

— जातकतत्वम् 8/56

परिणाम — चतुर्थस्थान का स्वामी शनि से युक्त होकर छठे हो तो वायुयान से मृत्यु होती है।

सावधानी— 1. तेज गति से वाहन न चलावें।
2. वाहन में मारूतियंत्र अवश्य लगावें अथवा अपने पर्स में मरूतियंत्र रखें।

(39) वाहन से मृत्यु योग

निष्पत्ति— **भौमेऽम्बुगेखेऽर्के वाह ॥**

—जातकतत्वम् 8/57

परिणाम— मंगल यदि चतुर्थ स्थान में हो और सूर्य दशम भाव में हो तो वाहन के गिरने से मृत्यु होती है ।

सावधानी— 1. तेज गति से वाहन न चलावें ।

2. वाहन में मारूतियंत्र अवश्य लगावें ।

(40) वाहन से मृत्यु योग

निष्पत्ति— **रन्ध्रागपो तुर्यपयुतौ वाहनतो मृत्युः ॥**

— जातकतत्वम् 8/58

परिणाम— अष्टमेश यदि चतुर्थेश से युक्त हो तो वाहन से मृत्यु होती है ।

सावधानी— 1. तेज गति से वाहन न चलावें ।

2. वाहन में मारूतियंत्र अवश्य लगावें ।

कीर्ति योग : एक चिंतन

इस संसार में विमल यश की प्राप्ति अति दुर्लभ एवं दुष्कर कार्य है। संसार में धन-दौलत, स्त्री-पुरुष, मकान, वाहन भौतिक ऐश्वर्य एवं उपलब्धियां मिल जाती हैं पर कीर्ति हरेक को नहीं मिलती। एक सज्जन व्यक्ति अपने घर-परिवार, कुटुंब जाति व समाज की उन्नति एवं भलाई के लिए शुभ काम करता है पर उसका यश उसे मिल जाए, यह जरूरी नहीं। एक साधु लोक कल्याण एवं परमार्थ से प्रेरित होकर एकांत में ईश-चिंतन में डूबा है। उसके अपनत्व या तेजस्विता से प्रेरित होकर, कोई महिला किसी प्रकार से उसकी कोई सेवा-सत्कार कर दे, तो वह अकारण ही लोक-अपवाद एवं निंदा का पात्र बन जाता है। इसलिए संत शिरोमणि श्री तुलसीदास जी ने एक बहुत महत्वपूर्ण बात कही है।

हानि-लाभ, जीवन-मरण, यश-अपयश विधि हाथ॥

काम करना ही केवल मनुष्य के हाथ में है, पर कार्य का शुभाशुभ फल कोई तीसरी शक्ति ही देती है। प्राणी मात्र को जीवन और मृत्यु, यश और अपयश देना परमपिता परमात्मा के हाथ है। परमात्मा पूर्व जन्म में संचित पाप और पुण्य के अनुसार इस जन्म के शुभाशुभ फल निर्धारित करता है जिसका संकेत या सूचना एक विज्ञ ज्योतिषी को कुंडली के माध्यम से मिल जाती है। जन्म कुंडली में कीर्ति योग का अपना अलग महत्त्व है। अगर जीवन में यश नहीं हो तो मनुष्य का जीवन निस्सार हो जाता है। मनुष्य का सारा जीवन, समस्त धन-दौलत एवं ऐश्वर्य यश के सामने फीका पड़ जाता है। यादवेंद्र भगवान श्रीकृष्ण गीता में स्वयं अपने

मुखारविंद से कहते हैं : —

अकीर्तिं चापि भूतानि कथयिष्यन्ति तेऽव्ययाम् ।
सम्भावितस्य चाकीर्तिर्मरणादतिरिच्यते ॥

— श्रीमद्‌भगवद्‌गीता अ.2/34

मनुष्य के गुजरने के बाद भी कीर्ति एवं अपकीर्ति बहुत काल तक जीवित रहती है । माननीय पुरुष के लिए अपकीर्ति मरण से बढ़कर (कलंक) है । ज्ञानी लोग कहते हैं इस संसार में उसी की मृत्यु सार्थक है जो मरकर भी यशरूपी शरीर से जीवित है ।

ज्योतिष में यश-अपयश देखने के अनेक मापदंड हैं । इसके लिए कोई एक घर या भाव निश्चित नहीं किया गया है । फिर मोटे-तौर पर जन्मकुंडली में तीसरा स्थान पराक्रम प्रतिष्ठा, भाई-बहन, कुटुंब, लेखनी, मित्र वर्ग, समाज-सोसायटी एवं जनसंपर्क का कहा गया है । यदि व्यक्ति का पराक्रम भंग है तो निश्चय ही अपयश का भागीदार होता है । यदि तीसरा स्थान का स्वामी छठे, आठवे या बारहवें स्थान में होता हो तो लोगों के लिए चाहे जितना भी काम करे, पर उसे अपने कुटुंब-परिवार एवं मित्रों में सदैव अपयश ही मिलता है । चंद्रमा दूषित हो तो जातक को अपयश मिलता है । इसके विपरीत लग्न व चंद्र बलवान हों, कुंडली में उच्च के ग्रहों से कोई राजयोग ना हो तो जातक यशस्वी होता है । यशस्वी बनने के लिए धन-धनस्थान एवं धनेश की महत्त्वपूर्ण स्थितियों को भी सदैव जागरूपता से देखना चाहिए । जिसके पास पर्याप्त धन होगा वही व्यक्ति परोपकार, धर्मार्थ कार्य एवं यश प्राप्ति हेतु रुपया खर्च सकता है । पर इसका तात्पर्य यह नहीं कि निर्धन व्यक्ति यशस्वी नहीं होता । संत सुदामा, भक्त रैदास, करमाबाई, रंतिदेव, धन्ना जाट, शबरी, जैसे अनगिनत उदाहरण हमें मिल सकते हैं परंतु लाखों में एक निर्धन व्यक्ति ही चिरस्थाई कीर्ति का स्वामी हो सकता है । अत: धनयोग, राजयोग एवं कीर्तियोगों का परस्पर संबंध है । अनेक लोगों को मरणोपरांत परमवीर चक्र, कीर्ति चक्र इत्यादि मिलते हैं । ऐसे योगों को भी इस अध्ययन में समावेश किया गया है । आशा है प्रबुद्ध पाठक इसका लाभ उठाएंगे ।

यश पराक्रम एवं कीर्ति योग

(38) कुल दीपक योग

निष्पत्ति— **शत्रुस्थाने यदा जीवो, लाभस्थाने शशी भवेद् ।**
गृह मध्ये स जातश्य, विख्यातः कुल दीपकः ॥

— *मानसागरी 4/24 पृ.247*

परिणाम — छठे स्थान में गुरु एवं ग्यारहवें स्थान में चंद्रमा हो तो ऐसा व्यक्ति परिवार को दीपक के समान रोशन करनेवाला कुल में सबसे श्रेष्ठ होता है ।

(39) कुलदीपक योग

निष्पत्ति — **लाभे त्रिकोणे यदि शीतरश्मिः ।**
करोत्यवश्यं क्षिति पाल तुल्यम् ।
कुल द्वयानन्दकरं नरेन्द्र
ज्योत्स्नेव दीपस्य तमोऽपहर्त्री ॥

— *मानसागरी 4/23 पृ.247*

परिणाम — लग्न के 1/5/9 या 11वें स्थान में यदि चंद्रमा हो तो ऐसा व्यक्ति राजा के समान मातृकुल को आनंद देता है तथा जिस तरह दीपक से अंधकार दूर होता है। उसी तरह ऐसा जातक घर में शोभायमान होता है।

(40) कुलदीपक योग

निष्पत्ति— **भ्रातृस्थाने यदा जीवो, लाभस्थाने यदा शशि।**
स लोके गृहमध्यस्थो, जायते कुल दीपकः।

— मानसागरी 4/74 पृ. 254

परिणाम — जन्म लग्न, तीसरे स्थान में गुरु एवं ग्यारहवें स्थान पर चंद्रमा हो तो ऐसा जातक अपने परिवार कुटुंब को दीपक के समान रोशन करनेवाला होता है।

(41) कुलदीपक योग

निष्पत्ति— **सिंहे लग्ने यदा भौमः पंचमे च निशाकरः।**
व्ययस्थाने यदा राहुः स जातः कुलदीपकः॥

— मानसागरी 4/23 पृ. 302

परिणाम — जन्म समय में यदि सिंह लग्न में मंगल, 5 वें भाव में चंद्रमा और 12 वें राहु हो तो वह जातक कुलदीपक होता है।

(42) कुलदीपक योग

निष्पत्ति— **एकः पापो यदा लग्ने पापश्चैको रसातले।**
जायते च द्विनाली स्यात् स जातः कुलदीपकः॥

— मानसागरी 4/23 पृ. 302

परिणाम — एक पापग्रह लग्न में तथा 1 पापग्रह चतुर्थ भाव में हो तो वह दो नाल में जन्म लेने वाला तथा कुल को प्रकाशित करने वाला होता है।

(43) कुलदीपक योग

निष्पत्ति— **शुक्रोयस्य बुधो यस्य, यस्य केन्द्रे बृहस्पतिः ।**
दशमे अंगारको यस्य, स जातः कुलदीपकः ।।

— *मानसागरी 4/7 पृ.243*

परिणाम — जिसकी जन्मकुंडली के केंद्र 1, 4, 7, 10 स्थानों में यदि शुक्र, बुध या बृहस्पति हो, अथवा दसवें स्थान में मंगल हो तो जातक कुलदीपक होता है । ऐसा जातक अपने परिवार व कुटुंब को दीपक के समान रोशन करनेवाला सबका चहेता व प्यारा होता है । यह योग बहुत-सी कुंडलियों में पाया जाता है, ऐसे जातक का जन्म माता-पिता, परिवार व जाति के लिए शुभ होता है ।

(44) समुद्र योग

निष्पत्ति — **चक्रानिधानश्च समुद्रनामा ।**
लग्न से प्रारंभ करके एक-एक स्थान के अंतर से अर्थात् 2, 4, 6, 8, 10, 12 में सब ग्रह हो तो समुद्र योग बनता है ।

परिणाम — यह आकृति योगों में से एकप्रमुख येाग है । इस योग में जन्म लेने वाला व्यक्ति दाता (हृदय खोलकर दान करने वाला) धीर, सुशील, दयावान, सब विषयों में राजा के समान वैभव संपन्न, लोक में विख्यात अपने कुल को उन्नत करने वाला प्रतापी व्यक्ति होता है । कुछ विद्वान इसे चक्र योग भी कहते हैं ।

(45) चतुः सागर योग

निष्पत्ति— **चतुर्थ केन्द्र संज्ञेषु सौम्य पापग्रहा स्थिताः ।**
चतुः सागर योगाद्रयं राज्यदो धनदो भवेत् ।।

— *मानसागरी 4/1 पृ. 226*

परिणाम — यदि केंद्रस्थान 1/4/7/10 ग्रहों से भरे हुए तो चतुः सागर योग बनता है । मानसागरी के एक अन्य मतानुसार यदि मेष, कर्क, तुला और मकर राशि में सब ग्रह हों तो चतुः सागर योग बनता है पर ऐसा बहुत कम संभव होता है । शास्त्रकारों ने चारों केंद्र स्थानों को विष्णुपद माना है । विष्णु क्षीरसागर में शयन करते

हैं अतः चारों केंद्र चार समुद्र के समान हैं। इनमें ग्रह होने से नारों सागर भर जाते हैं। सौम्य पाप ग्रहों की कोई शर्त नहीं है, चतुः सागर योग बन जाता है।

यह योग समस्त अशुभों का नाश करने वाला धन, राज्य और कीर्ति को देनेवाला योग कहा गया है। शास्त्रकारों ने कहा है—**'चतुः सिन्धौ नरो जातो बहुरत्न समन्वितः। गजवाजिधनैः पूर्णो धराणीशों भवेत्-नरः ॥'** अर्थात् इस योग में जन्म लेनेवाला जातक विधि प्रकार के रत्न-आभूषणों से युत, हाथी-घोड़ा (उत्तम वाहन) से युत, धन से परिपूर्ण राजा तुल्य वैभव से परिपूर्ण पुरुष होता है तथा उस व्यक्ति की कीर्ति पताका समुद्र पार देशों में भी फहराती है।

(46) छत्र योग

निष्पत्ति — **यस्योतपतौ छत्रयोगोपलब्धिः लब्धिः स्याच्चेच्छत्र सयामरायैः।**

सप्तम भाव से लेकर सात स्थानों में क्रमशः (राहु केतु को छोड़ कर) सभी ग्रह हों तो छत्र योग बनता है।

परिणाम — इस योग में जन्म लेनेवाला व्यक्ति पंडित, राजकार्याधिकारी, दयावान, आदि और अंत सब विषय में सभी सुखों को भोगने वाला, चामर-छत्र आदि राज चिन्ह से युक्त नगर का प्रसिद्ध व्यक्ति होता है।

(47) कुल पालक योग

निष्पत्ति— **पंचमे च यदा षष्ठे, चाष्टमे नवमे क्रमात्।**
भौम राहु सितार्काः स्युर्जातकः कुलपालक ॥

—मानसागरी 4/61 पृ० 252

पांचवें, छठे, आठवें और नवमें इन घरों में क्रमशः मंगल, राहु, शुक्र और सूर्य हो तो यह योग बनता है।

परिणाम — ऐसा जातक अपने कुल का पालन करनेवाला कुलदीपक एवं जाति रत्न होता है। ऐसा जातक अपनी एवं अपने संपूर्ण कुटुंब की जिम्मेदारियों का रक्षक होता है एवं मेघावी होता है।

(48) विश्व पालक योग

निष्पत्ति— **जीवो वृषे सुधरश्मि, मिथुने मकरे कुजः।**
सिंहे भवति सौरिश्च, कन्यायां बुधे-भास्करौ ॥
तुलायां असुराचार्यो राजयोगा भवेदयम्।
अत्र योगे समुत्पन्नो महाराजो भवेन्नरः ॥
अष्टमे द्वादशे वर्षे यदि जीवति मानवः।
सर्वभौमस्तदा राजा जायते विश्वपालकः ॥

—मानसागरी 4/30 पृ० 248

वृष में गुरु, मिथुन में चंद्रमा, मकर में मंगल, सिंह में शनि, कन्या में बुध सूर्य, तुला में शुक्र हो तो यह योग बनता है।

परिणाम — इस योग में जन्मा मनुष्य प्रबल पराक्रमी एवं महाराजातुल्य ऐश्वर्य को भोगनेवाला होता है। शास्त्रकार कहते हैं कि इस योग में जन्म लेनेवाले का जीना कठिन है यदि यह मनुष्य आठ और बारहवें दोनों वर्ष में बच जाए, मृत्यु न हो, तो ऐसा पुरुष श्रेष्ठ संसार को पालनेवाला सार्वभौम जगत्प्रिय होता है।

(49) अर्धचंद्र योग

निष्पत्ति — **उत्पतौ यस्य योगो अर्द्धचंद्रः चंद्र स स्यादुत्सर्वार्थ जनानाम्।** केंद्र से भिन्न (2, 5 आदि) से आरंभ करके सात स्थानों में क्रमशः सभी ग्रह हों तो अर्धचंद्र योग होता है।

परिणाम — इस योग में जन्म लेनेवाला मनुष्य राजा से आदर पानेवाला, श्रेष्ठ पुरुष, उत्तम वस्त्रों का शौकीन, धन-धान्य आभूषण से युक्त यशस्वी व्यक्ति होता है। जिस प्रकार चंद्रमा का प्रकाश सभी को शीतलता एवं प्रसन्नता देता है ठीक उसी प्रकार से इस योग में जन्मा व्यक्ति प्राणी मात्र को प्रसन्नता प्रदान करने वाला होता है।

विशेष — यह बीस प्रकार के आकृति योगों में से एक प्रमुख योग कहा गया है।

(50) महाभाग्यशाली योग

निष्पत्ति — यदि किसी पुरुष का दिन में जन्म हो और जन्म लग्न, सूर्य लग्न, एवं चंद्र लग्न तीनों अयुग्म (विषम) राशियों 1/3/5/7/9/11 में स्थित हो तो महाभाग्यशाली योग बनता है।

अथवा किसी स्त्री का जन्म रात्रि का हो और जन्म लग्न, सूर्य लग्न तथा चंद्र लग्न तीनों युग्म (सम) राशियों 2/4/6/8/10/12 में हो तो महाभाग्यशाली योग बनता है।

परिणाम — इस योग में जन्म नाम के अनुरूप ही व्यक्ति महान् भाग्यशाली होता है, धन व यश की प्राप्ति हेतु यह योग बेजोड़ है, अनुपम है। दूसरा कोई प्रशस्ति या बलशाली योग कुंडली में न हो तो यह एक अकेला योग सब प्रकार के अरिष्टों का नाश करके व्यक्ति को पद-प्रतिष्ठा के उच्चत्तम शिखर तक पहुंचा देता है।

(51) वासरपति योग

निष्पत्ति — यदि किसी मनुष्य का जन्म शुभ दिन में अर्थात् सोमवार, बुधवार, बृहस्पतिवार अथवा शुक्रवार को हुआ हो और चंद्र, बुध, गुरु अथवा शुक्र (जैसा जन्म हो) उस वार का स्वामी यदि सूर्य के साथ स्थित हो तो वासरपति योग बनता है।

परिणाम — इस योग में उत्पन्न मनुष्य नाना प्रकार के पदार्थ तथा सुखों को प्राप्त होता है।

सूर्य का किसी शुभ ग्रह से युक्त होना अपने आपमें शुभ फलदायक है क्योंकि सूर्य लग्नवत् है। पुनः जब सूर्य के साथ रहने वाला शुभ ग्रह उस शुभ वार का भी स्वामी होगा जिस वार में कि जन्म हुआ है तो शुभ वार की शुभता भी सूर्य को अर्थात् सूर्य लग्न को प्राप्त होगी जिसके फलस्वरूप नाना प्रकार की सुख-सुविधाओं तथा द्रव्यों की प्राप्ति होती है।

(52) लग्न योग

निष्पत्ति — लग्न में तीन शुभ ग्रह स्थित हों तो राजा बनाते हैं और यदि तीन पापी ग्रह हों तो समस्त लोक में अपमानित रोग, भय तथा शोक

से पीड़ित, पेटू, दरिद्री बनाते हैं।

परिणाम — लग्न का संबंध चूंकि राज्य, धन, शरीर, स्वास्थ्य, मान सम्मान से है। अत: तीन शुभ ग्रहों की लग्न में स्थित इन सब गुणों की वृद्धि करेगी। इसके विपरीत लग्न में तीन पापी ग्रहों की स्थिति इन सब बातों का नाश कर देगी।

लग्न में यदि तीन शुभ ग्रह स्थित हों, तो शोक रहित समृद्ध राज को जन्म देते हैं और यदि लग्न में तीन पापी ग्रह स्थित हों तो रोग, भय, शोक से परिपूर्ण, बहुभक्षक तथा सारे लोगों से अपमानित दरिद्री मनुष्यों को जन्म देते हैं।

(53) लग्नाधि योग

निष्पत्ति— लग्न से छठे, सातवें और आठवें भाव में शुभ ग्रह हो तथा उन पर पाप ग्रहों की दृष्टि न हो और न इनके साथ ही पाप ग्रह हो, तथा चतुर्थ भाव में शुभ ग्रह हो तो लग्नाधि योग बनता है।

परिणाम— लग्नाधि योग में जन्म लेने वाला व्यक्ति विद्वान् होता है तथा उसकी विद्वत्ता का लोहा दूसरे भी मानते हैं। शारीरिक रूप से ऐसा जातक हृष्ट-पुष्ट, स्वस्थ और सबल होता है तथा अधिकतर ऐसे व्यक्ति पूर्णत्यागी होते हैं एवं नि:स्वार्थ प्रेम में विश्वास रखते हैं। विद्वान् लोग इस योग को यशस्वी राजयोग मानते हैं।

(54) लग्नाधिपति योग

निष्पत्ति— **लग्ने लग्नपतिर्बलान्वित वपु: केन्द्रे त्रिकोणे शिवे।**
पृच्छाजन्म विवाहयानतिलके कुर्यान्नपृं सं ध्रुवम्॥
सछीलं विभवान्वितं गजयुतं युक्तातपत्रान्वितम्।
जातं निम्नकुले विभूति पुरुषं श सन्ति गार्गादय:॥

जिसकी जन्मपत्रिका में लग्नेश बली होकर केंद्र-त्रिकोण 1/4/7/10/5/9 एवं एकादश स्थान में स्थित हो तो लग्नाधिपति योग बनता है।

परिणाम — इस योग में जन्म लेने वाला व्यक्ति राज किंवा राजा तुल्य वैभव को भोगता है। ऐसा व्यक्ति यदि नीच (निम्नवर्ग) में भी उत्पन्न

हो तो कीचड़ में कमल की तरह खिलता हुआ आत्मोन्नति करता है। ऐसा पुरुष सुशील, हाथी (उत्तम वाहन) युत, मोती-आभूषण-छत्रयुक्त राजचिन्हों (राज्यस्तरीय पुरस्कारों) से युक्त होकर यशस्वी होता है।

(55) लग्नसिंहासन योग

निष्पत्ति — लग्नेश पूर्ण बली, उच्च का, मित्र क्षेत्री एवं शुभग्रहों से युत अथवा दृष्ट होकर लग्नस्थान को देख ले तो यह योग बनता है।

परिणाम — इस योग में जन्म लेनेवाला व्यक्ति अपने पराक्रम एवं पुरुषार्थ से राजसिंहासन किंवा उसके तुल्य उच्चपद को प्राप्त करता है। यह येाग सब योगों में अत्यंत श्रेष्ठ होता है तथा अनेक अरिष्टों का नाश करनेवाला योग है। इस योग में जन्मा जातक बहुश्रुत एवं पूर्ण यशस्वी होता है।

(56) चामर योग

निष्पत्ति — लग्न का स्वामी अपनी उच्च राशि का होकर केंद्र में स्थित हो तथा गुरु देखता हो तो चामर योग की सृष्टि होती है।

परिणाम — इस योग में उत्पन्न मनुष्य उच्च प्रतिष्ठा युक्त, राज्यमान्य व्यक्तियों द्वारा पूजा जाता है, सम्मान पाता है। ऐसा व्यक्ति चारो वेदों-षट्शास्त्रा का ज्ञाता व ज्ञानी होता है। पूर्ण आयु भोगता हुआ अपनी हिम्मत एवं पराक्रम से खूब प्रसिद्धि को प्राप्त करता है।

(57) भेरी योग

निष्पत्ति — यदि लग्न में तथा लग्न से द्वितीय, सप्तम तथा द्वादश में शुभग्रह स्थित हों और दशामाधिपति बलवान् हो तो "भेरी" योग बनता है।

परिणाम — ऐसा व्यक्ति राजा, धनी, भूमि का स्वामी, पुत्र तथा स्त्री से युक्त, प्रसिद्ध सुशील, सुखी, शूर, निपुण तथा कुलीन होता है।

(58) भेरी योग

निष्पत्ति — यदि लग्नेश, बृहस्पति एवं शुक्र परस्पर केंद्र में नवमेश शक्तिशाली हों तो यह योग बनता है ।

परिणाम — ऐसा व्यक्ति राजा, धनी, भूमि का स्वामी, पुत्र तथा स्त्री से युक्त, प्रसिद्ध सुशील, सुखी, शूर, निपुण तथा कुलीन होता है ।

(59) विक्रमी योग

निष्पत्ति— **धनस्थाने यदा शुक्रो, दशमे च बृहस्पतिः ।**
षष्ठे च सिंहिका पुत्रो, राजा भवति विक्रमी ।।

—मानसागरी अ 4/67 पृ० 253

द्वितीय स्थान में शुक्र, दसवें में गुरु और छठे राहु हो तो यह योग बनता है ।

परिणाम — इस योग में जन्मा अपने स्वयं के पराक्रम व पुरुषार्थ राजपद को धन व ऐश्वर्य को प्राप्त करता है। विक्रम योग में उत्पन्न व्यक्ति को वाहन सुख पूर्ण होता है । साथ ही वह बलवान एवं प्रबल साहसी होता है तथा कठिन-से-कठिन परिस्थिति में भी विचलित नहीं होता । ऐसे जातक का विक्रम अक्षुण्ण होता है ।

(60) वापी योग

निष्पत्ति— **धनलग्नव्ययान् त्यक्त्वा, शेषस्थानेषु संस्थिताः ।**
वापीयोगो भवेत एवं उदितः पूर्वसूरिभिः ।।

—मानसागरी 4/1 पृ० 228

परिणाम — द्वितीय, लग्न एवं बारहवें स्थान को छोड़कर यदि सब ग्रह बाकी स्थानों में हों तो वापीयोग बनता है । वापी योग में उत्पन्न मनुष्य दीर्घायु, अपने कुल में श्रेष्ठ, सुखी-सम्पन्न, अतिधैर्यवान, बोलने में चतुर, पुण्यवान, प्रतापी एवं अपने नाम से जाने-पहिचाने जाने वाला व्यक्ति होता है ।

(61) शंख योग

निष्पत्ति — पांचवें भाव का स्वामी और छठे भाव का स्वामी परस्पर केंद्र में स्थित हों तथा लग्नेश बलवान हो तो शंख योग होता है ।
लग्नेश और दशमेश चर राशि में हो एवं भाग्येश बली हो तो शंख योग होता है ।

परिणाम — शंख योग में उत्पन्न जातक आनंदपूर्वक जीवन व्यतीत करने वाला होता है । दूसरों के प्रति उसका व्यवहार मधुर और सौम्य होता है तथा पारिवारिक दृष्टि से वह सफल व्यक्ति होता है । ऐसा जातक विज्ञान, धर्म शास्त्रादि में पूर्ण रुचि रखता है तथा पूर्ण आयु प्राप्त करता है ।

(62) श्रीनाथ योग

निष्पत्ति — सप्तमेश दसम भाव में हो, दशमेश उच्च का होकर नवम भाव में हो तो यह योग बनता है ।

परिणाम — यह एक उत्तम कोटि का योग है । इस योग में जन्म लेनेवाला व्यक्ति ईश्वर की कृपा से पूर्ण धनवान होता है ।
उसका गृहस्थ जीवन अत्यंत सुखी होता है। ऐसा जातक अपनी स्त्री व बच्चों को प्यार करनेवाला होता है । भाग्य निरंतर इनका साथ देता है । इस योग में उत्पन्न व्यक्ति धीरे-धीरे आगे बढ़ता हुआ अपने क्षेत्र के उच्च व प्रतिष्ठित पद को प्राप्त कर जाता है ।

(63) काहल योग

निष्पत्ति — नवम भाव का स्वामी और चतुर्थभाव का स्वामी परस्पर केंद्र में हों, और लग्नेश बलवान हों तो काहल योग बनता है ।

परिणाम — काहल योग में उत्पन्न जातक बलिष्ठ शरीरवाला, वीर एवं दृढ़ चरित्रवाला होता है । इन्हें साहसिक कार्यों में रुचि होती है तथा जीवन में सभी प्रकार के सुख इन्हें सहज में ही उपलब्ध हो जाते हैं । ऐसा जातक भाग्यशाली होता है तथा इन्हें जीवन में खूब यश-कीर्ति व लक्ष्मी की प्राप्ति होती है ।

(64) खड्ग योग

निष्पत्ति — यदि भाग्येश धन भवन में हो और धनेश भाग्य भवन में हो और साथ ही लग्नेश केंद्र अथवा कोण में स्थित हो तो "खड्ग" योग बनता है ।

परिणाम — इस योग में उत्पन्न होनेवाला समस्त वेद शास्त्रों के अर्थों से सुभिज्ञ बुद्धिमान, प्रतापवान्, निरभिमानी, कुशल, कृतज्ञ मनुष्य होता है ।

(65) पद्मसिंहासन योग

निष्पत्ति— **दशम भवन नाथे केन्द्रकोणे धनस्थे,**
अर्वानिपति बलवाने पद्मसिंहासनेषु ।
स भवति नरनाथो विश्वविख्यात कीर्तिः,
मदगलित कपोलैः सद्गजैः सेव्यमान ।।

—मानसागरी 4/3 पृ० 242

परिणाम — दशम भाव का स्वामी यदि केंद्र-त्रिकोण (1, 4, 7, 10, 5, 9) स्थानों में हो तो यह योग बनता है । इस योग में जन्म लेनेवाला जातक राजसिंहासन पर बैठता है या राजातुल्य वैभव व पराक्रम को भोगता है । शास्त्रकार कहते हैं कि ऐसा व्यक्ति मनुष्यों में श्रेष्ठ कीर्ति को पानेवाला होता है तथा उसकी यश पताका समग्र विश्व में फहरा जाती है । ऐसे व्यक्ति के द्वार पर हाथी-घोड़े बंधे रहते हैं अर्थात् उसके घर के बाहर उत्तम वाहन खड़े मिलेंगे । कुछ विद्वान् उसे राजनीति में सफलता दिलाने वाला श्रेष्ठतर योग मानते हैं ।

(66) राजमान्य योग

निष्पत्ति— **कर्मस्थाने सदा जीवो, बुधः शुक्रस्तथा शशि ।**
सर्वकर्माणि सिद्धयन्ति, राजमान्यो भवेन्नरः ।।

—मानसागरी 1/59

परिणाम — दसम स्थान में गुरु, बुध, शुक्र और चंद्रमा हो, तो यह योग बनता है । ऐसा जातक राजमान्य होता है तथा उसके अल्प

प्रयत्न से ही सभी कार्य सिद्ध हो जाते हैं। इनका सरकारी क्षेत्र में अच्छा प्रभाव होता है तथा राजनेताओं एवं मंत्रियों से ऐसे जातक का अच्छा संपर्क होता है।

(67) अनंतकीर्ति योग

निष्पत्ति — लाभेश और नवमेश तथा धनेश इनमें से कोई भी ग्रह यदि केंद्र में स्थित हो, देवगुरु बृहस्पति भी धनेश, पंचमेश या एकादसेष होकर केंद्र में स्थित हों, लग्नेश बलवान हो तो यह योग बनता है।

परिणाम — इस योग में जन्म लेने वाला व्यक्ति स्थाई धन-संपत्ति का स्वामी होता है। वह राजा तुल्य ऐश्वर्य वैभव, नौकर-चाकर, वाहन-स्त्री व धनसुख को भोगता हुआ जगत में खूब कीर्ति अर्जित करता है। ऐसा व्यक्ति परोपकारी एवं धार्मिक होता है तथा ऐसा कोई कार्य कर जाता है जिससे उसकी कीर्ति की यश पताका अक्षुण्ण रूप से कायम रहती है।

(68) वेशि योग

निष्पत्ति— **वेशि स्थितो यस्य शुभो न भोगो।**
जन्मारण्य लग्ने च लवे स्वकीये॥
केन्द्राणि सर्वाणि च सद्ग्रहाणि।
तस्यालये श्रीः कुरूते विलासम्॥ —*मानसागरी*

जिसके जन्म लग्न में सूर्य से द्वितीय स्थान में चंद्र को छोड़ कोई भी ग्रह हो तो वेशि योग बनता है।

परिणाम— वेशि योग में जन्मा जातक भाग्यशाली, सुखी, संपन्न, सद्गुणी कुलीन एवं प्रसिद्ध व्यक्ति होता है। शास्त्रकार कहते हैं। वेशि योग में जन्म हो और शुभग्रह केन्द्र स्थानों में हो तो उस मनुष्य के घर में सर्वदा लक्ष्मी स्थाई रूप से निवास करती है और ऐसा जातक पूर्ण यशस्वी होता है। ग्रह भेद के कारण कुल छः प्रकार के वेशि योग बनते हैं। बुध से वेशि प्रियभाषी, मंगल से लड़ाकू, गुरु से धैर्यवान व सत्यवादी, शुक्र से गुणी एवं विख्यात, शनि से व्यक्ति गुरुद्वेषी एवं परधन हरण में रुचि रखनेवाला होता है।

(69) वाशि योग

निष्पत्ति — **सूर्याद् व्ययगे वोशीः**

—मानसागरी 4/2 पृ० 223

जन्म लग्न में सूर्य से द्वादश स्थान में चंद्रमा को छोड़कर कोई भी ग्रह हो तो वाशि योग बनता है ।

परिणाम — वाशि योग में जन्म लेनेवाला व्यक्ति स्वल्पदृष्टि, स्थिर वाक्य बोलनेवाला, कठोर परिश्रमी, सुखी-संपन्न, उदार हृदयवाला एवं सरकारी पक्ष से मदद पानेवाला व्यक्ति होता है । ग्रह भेद के कारण कुल छः प्रकार वाशि योग बनते हैं । यदि बुध से वाशि हो तो मनुष्य दूसरों की आंखों में खटकता है, मंगल से परोपकारी, गुरु से धनसंचयी, शुक्र से आलसी व डरपोक, शनि से व्यक्ति परस्त्रीगामी होता है ।

(70) पृथ्वी पालक योग

निष्पत्ति — **उच्चाभिलाषी सविता त्रिकोणे,**
शशि तथा जन्मनि यस्य जन्तोः ।
भुनक्ति पृथ्वी स हिरत्न पूर्णाम्,
बृहस्पतिः केन्द्रगतो यदि स्यात् ॥

—मानसागरी 4/85 पृ० 257

लग्न में चंद्रमा और बृहस्पति केंद्रगत हो तथा मीन राशि का उच्चाभिलाषी सूर्य त्रिकोण 5/9 स्थानों में हो तो यह योग बनता है ।

परिणाम — इस योग में जन्मा जातक पृथ्वी पालक होता है । यह एक प्रकार का राजयोग है । उच्च के ग्रह से भी उच्चाभिलाषी ग्रह ज्यादा ताकतवर होता है । वह मनुष्य राजमान्य एवं अपने कुल में श्रेष्ठ होता है । इसके साथ लग्न पर यदि गुरु व चंद्रमा का प्रभाव हो तो जातक नानारत्न-आभूषणों से युक्त होकर राजवैभव को भोगता है ।

(71) सम्राट-योग

निष्पत्ति— **लाभे सूर्यसुते हि शत्रुभवने जातः कुल भूपतेः ।**
जातोयं मनुजः सदा नृपगणे सम्राटपदं गच्छति ।।

—मानसागरी 4/85 पृ० 257

यदि उच्च का सूर्य जन्मलग्न में हो, चंद्रमा दूसरे हो, तृतीय में राहु युक्त शुक्र हो, चौथे में बृहस्पति, बारहवें में बुध, शनि ग्यारहवें या छठे घर में हो तो यह योग बनता है ।

परिणाम — इस योग में जन्म लेनेवाला व्यक्ति चक्रवर्ती सम्राट होता है । ऐसा व्यक्ति अत्यंत गरीब परिवार में जन्म लेने पर भी, कीचड़ में कमल की तरह निरंतर आगे बढ़ता हुआ, उच्च पद को प्राप्त करता है । ऐसा जातक विपुल धन संपत्ति का स्वामी होते हुए भी अनंत कीर्ति व यश का स्वामी भी होता है ।

विशेष — यह योग 'मेष लग्न' में विशेष रूप से मुखरित होता है ।

(72) भास्कर योग

निष्पत्ति — सूर्य से बुध दूसरे स्थान में हो, बुध से चंद्र एकादश स्थान में हो, चंद्र से गुरु त्रिकोण (5, 9) स्थान में हो तो भास्कर योग बनता है ।

परिणाम — भास्कर योग में जन्म लेने वाला व्यक्ति सूर्य के समान तेजस्वी, पराक्रमी एवं शूरवीर होता है । ऐसा जातक सब शास्त्रों को जाननेवाला, रूपवान, ज्ञानी, गुणी, गणितज्ञ धीर एवं सर्व सामर्थ्य संपन्न होता है । यह एक प्रकार का उत्तम राजयोग है । इस योग में जन्मा जातक राजा तुल्य ऐश्वर्य को भोगता है एवं यशस्वी होता है । समाज में इनकी बड़ी भारी प्रतिष्ठा होती है ।

(73) वसुधापति योग

निष्पत्ति— **चन्द्रः पश्येवदाऽऽदित्यं, बुधः पश्येन्निशापतिम् ।**
अस्मिन्योगे तु यो जातः स भवेद्वसुधाधिपः ।।

—मानसागरी 4/5 पृ० 243

जन्मकुंडली में चंद्रमा यदि सूर्य को देखता हो, और बुध चंद्रमा

को देखता हो तो इस योग की सृष्टि होती है।

परिणाम — इस योग में जन्म लेनेवाला व्यक्ति राजा के तुल्य ऐश्वर्य को भोगता हुआ विशाल भूखंड (वसुधा) का स्वामी होता है।

(74) यामिनीनाथ योग

निष्पत्ति—

यदि भवति च केन्द्री यामिनीनाथ एवं,
प्रवितरति सुभार्यां पुत्रिणीं वा सुरूपाम्।
धनकनकसमृद्धिं माणिकं हीररत्ने,
रचयति मृगनाभि द्रव्यवर्यैः शरीरम्॥

—मानसागरी 4/6 पृ० 243

परिणाम — यदि चंद्रमा केंद्र 1/4/7/10 स्थानों में हो तो यह योग बनता है। इस योग में जन्म लेनेवाला व्यक्ति सुंदर स्त्री का स्वामी, धन-धान्य से युक्त, माणिक-हीरा-पन्ना, सुवर्ण-आभूषणों से परिपूर्ण एवं शरीर पर कस्तूरी लगानेवाला अर्थात् सुगंधित द्रव्यों (खुशबू) से युक्त रहनेवाला मस्त प्राणी होता है।

(75) अधियोग

निष्पत्ति — चंद्रमा से छठे, सातवें या आठवें भाव में शुभ ग्रह हो तो अधियोग बनता है।

परिणाम — इस योग में जन्म लेनेवाला व्यक्ति विनम्र एवं चतुर होता है। ऐसा जातक विश्वासयोग्य होता है तथा उसे जीवन में सभी ऐश्वर्यशाली वस्तुओं की प्राप्ति होती है एवं वह सुखी रहती है। ऐसा जातक स्वस्थ चित्तवाला एवं दीर्घायु होता है। दूसरों की मदद करना इनकी जन्मजात प्रवृत्ति होत है परंतु ऐसा जातक कई बार शत्रुओं पर विश्वास करके धोखा खा जाता है। इस योग में जन्मा जातक परोपकारी एवं यशस्वी होता है।

(76) इन्द्रतुल्य ऐश्वर्य योग

निष्पत्ति— **उपचय गृहसंस्थो जन्मिनो यस्य चन्द्रः ।**
स्वगृहमथ नवांशे केन्द्रजाताश्च सौम्याः ॥
सकलबलयुक्ताश्चैव पापाभिधानाः ।
स भवति नरनाथः शुक्रतुल्यो बलेन ।

—मानसागरी 4/16 पृ० 245

जिसके जन्म कुंडली में पूर्णबली चंद्रमा उपचय स्थान (3/6/10/11) में हो, शुभग्रह अपने घरों में हो (कम-से-कम चार ग्रह स्वगृही हो) अथवा शुभग्रह अपने नवमांश में होकर केंद्र 1/4/7/10 में हो, पापग्रह निर्बल होकर कहीं बैठे हो तो यह योग बनता है ।

परिणाम — इस योग में जन्म लेनेवाला पुरुष राजाओं का राजा होता है तथा इंद्रतुल्य ऐश्वर्य को भोगनेवाला सर्वसमर्थ यशस्वी पुरुष होता है ।

(77) अमला योग

निष्पत्ति — चंद्रमा से या लग्न से दसवें स्थान में शुभग्रह होने से यह योग बनता है ।

परिणाम — इस योग में जन्मे जातक को अखंड कीर्ति व यश मिलता है । उसका चरित्र उज्जवल एवं स्पष्ट होता है । वह जीवन पर्यंत संपन्न एवं सुखी जीवन व्यतीत करता है ।

(78) विक्रम योग

निष्पत्ति — पूर्ण चंद्रमा बली होकर लग्न को छोड़कर (4/7/10) स्थानों में हो तथा शुक्र एवं बृहस्पति द्वारा दृष्ट हो तो यह योग बनता है ।

परिणाम — ऐसा जातक राजा किंवा राजा के समान ऐश्वर्य को भोगता है । यह एक प्रकार का राजयेाग है । विक्रम योग में उत्पन्न व्यक्ति पूर्ण संपन्न, धनवान व ऐश्वर्य भोगी होता है । उसे पूर्ण वाहन सुख होता है । साथ ही वह बलवान एवं प्रबल साहसी व्यक्ति होता है जो कि कठिन-से-कठिन परिस्थितियों में विचलित नहीं होता । ऐसा जातक का विक्रम अक्षुण्ण होता है ।

(79) इंद्र योग

निष्पत्ति — यदि चंद्रमा से तीसरे स्थान पर मंगल हो, मंगल से सप्तम भाव में शनि हो, शनि से सातवें भाव में शुक्र हो और शुक्र से सातवें भाव में गुरु हो तो इंद्र योग होता है ।

परिणाम — इंद्र योग रखनेवाला व्यक्ति प्रसिद्ध वीर और रणनीतिज्ञ होता है तथा युद्ध में प्रसिद्धि प्राप्त कर ख्याति लाभ करता है । पर वह स्वयं राजा होता है अथवा राजा के तुल्य जीवन बिताता है । बातचीत में होशियार, गुणी एवं सरल स्वभाव का होता है तथा 38 वर्ष की अल्पायु तक जीवित रहता है ।

यह योग राज योग की ही तरह है । इस योग में जन्म लेने वाले जातक की आयु अधिक नहीं होती, परंतु अल्पायु में ही वह प्रसिद्धि प्राप्त कर अपना नाम चतुर्दिक फैला देता है ।

जीवन में इसे किसी भी प्रकार का अभाव नहीं रहता ।

(80) पुष्कल योग

निष्पत्ति — जब चंद्र लग्न का स्वामी लग्न के स्वामी के साथ किसी केंद्र स्थान में, अपने अधिमित्र की राशि में, स्थित हो और लग्न को कोई बलवान ग्रह देखता हो तो "पुष्कल" नाम का योग होता है ।

योग बनने के लिए ऐसा लिखा है कि "लग्न को कोई बलवान ग्रह देखता हो" जिसका आशय संभवतया यही प्रतीत होता है कि लग्न को कोई शुभ ग्रह देखता हो अथवा लग्न का स्वामी देखता हो क्योंकि लग्न का बलवान होना अपेक्षित है । अन्यथा पापी ग्रह की दृष्टि से लग्न निर्बल हो जाएगा ।

परिणाम — इस योग में उत्पन्न व्यक्ति धनवान, महान् व्यक्तियों से सम्मानित, आभूषणों से भूषित, शुभ वाणी बोलनेवाला तथा उत्तम राजा के समान ऐश्वर्यशाली होता है ।

(81) शूरवीर योग

निष्पत्ति — **रात्रौ बल्यारेगे खे वा शूरः ।**

बलवान मंगल लग्न में अथवा दसम स्थान में हो और रात्रि के समय का जन्म हो तो यह योग बनता है ।

परिणाम — इस योग में जन्म लेनेवाला व्यक्ति शूरवीर एवं साहसी होता है । ये दबंग होते हैं तथा अपनी आलोचना से भयभीत नहीं होते एवं शत्रुओं का समूल नाश करने में विश्वास रखते हैं । शास्त्रकार यह भी कहते हैं कि "लग्ने भौमे क्रोधी" अर्थात् इस योग में जन्मे व्यक्ति को गुस्सा शीघ्र आयेगा ।

(82) शूरवीर योग

निष्पत्ति — **भौमस्ते बलवान् शूरश्च**

सातवें स्थान में बलवान मंगल हो तो यह योग बनता है ।

परिणाम — इस योग में जन्म लेनेवाला व्यक्ति शूरवीर एवं साहसी होता है । ऐसे जातक दबंग होते हैं तथा अपनी आलोचना से भयभीत नहीं होते एवं शत्रुओं का समूल नाश करने में विश्वास रखते हैं ।

(83) भद्र योग

निष्पत्ति — **शंखासि कुन्जरगदा कुसुमेषु केतु,**
चक्राब्जलांगल सुचिन्हित पाणिपादः ।
यात्रागजेन्द्र मदवारिकृतार्द्रभूमिः,
सत्कुंकुम प्रतिगन्धतनुः सघोषः ॥

—मानसागरी 4/2 पृ० 215

परिणाम — जिसकी कुंडली में बुध स्वगृही, मूल त्रिकोण या उच्च का होकर केंद्र स्थानों 1/4/7/10 में हो तो यह योग बनता है । यह पंचमहा पुरुष लक्षण में से एक प्रसिद्ध योग है ।

इस योग में जन्म लेनेवाला मनुष्य सिंह के समान पराक्रमी एवं शत्रुओं का नाश करने में सक्षम होता है । विशाल वक्षस्थल प्रभावोत्पाद व्यक्तित्व निरंतर आगे बढ़ने की चाहना के कारण

ऐसे जातक प्रबल महत्वाकांक्षी होते हैं। यद्यपि इस योग में उत्पन्न व्यक्ति राजनीति एवं व्यापार कार्य में दक्ष, बुद्धिमान, चतुर होता है तथापि अपने कार्य में दूसरों का हस्तक्षेप बिल्कुल पसंद नहीं करता। इनकी कीर्ति वृद्धावस्था तक अक्षुण्ण रहती है।

(84) बुधकेंद्री योग

निष्पत्ति— **हयरथ नरनागोद्यानरत्नैः प्रपूर्णो,**
जलधितटनिवासी रत्नतुल्यं च धान्यम्।
बहु जनकुल मित्रैः सत्यवादी प्रसूतो,
भवति यदि च केन्द्री दैत्यपूज्ये बुधश्च॥

—मानसागरी 4/2 पृ० 243

जन्म कुंडली में बुध यदि केंद्र 1/4/7/10 स्थानों में हो तो बुधकेंद्री योग बनता है।

परिणाम — इस योग में जन्म लेनेवाला जातक घोड़ा-रथ-हाथी (उत्तम वाहनादि) से भूषित, बगीचा, रत्न से परिपूर्ण, समुद्रतट का निवासी, अन्न भी रत्न के बराबर रखनेवाला अच्छे मित्रों से आवृत, सत्यवक्ता सुखी एवं यशस्वी जातक होता है।

(85) बुधादित्य योग

निष्पत्ति — कुंडली में कहीं भी बुध और सूर्य एक साथ पड़े हों तो बुधादित्य योग की निष्पत्ति होती है।

परिणाम — जिसकी कुंडली में बुध और सूर्य एक साथ, एक ही स्थान पर बैठे हों तो ऐसा जातक अत्यंत बुद्धिमान, प्रत्येक कठिन कार्य को चतुराई से निपटाने वाला एवं प्रतिष्ठित होता है। ऐसे जातक की सर्वत्र प्रशंसा होती है, वह अपने कार्यों में विख्यात होता है तथा जीवन में उसे सभी प्रकार की सुख-सुविधाएं सहज में ही प्राप्त हो जाती हैं।

विशेष — बुध और सूर्य में यदि दस अंशों का अंतर हो तो यह योग अधिक सार्थक होता है। इसके साथ ही बुध सूर्य यदि मेष, मिथुन, सिंह एवं कन्या राशि में हो तो इस योग की श्री वृद्धि में चार चांद लग जाते हैं।

(86) हंस योग

निष्पत्ति— **जलाशय प्रीतिः अतीव कामी,**
न योति तृप्तीं वनिता सु नूनम्
उच्चः षहष्टांगुल मानयुक्तो,
देहस्तथाः आयुरिहास्ति षष्टिः ।।

परिणाम — बृहस्पति यदि स्वगृही, मूलत्रिकोण या उच्च राशि का होकर केंद्रस्थानों 1/4/7/10 में हो तो यह योग बनता है ।

इस योग में जन्म लेनेवाला व्यक्ति पुण्यवान व धर्मात्मा होता है उसके हाथ व पांवों में शंख, चक्र, कमल, अंकुश, मत्स्य आदि शुभ चिन्ह जैसे मंडित होते हैं । इसका शरीर आकर्षक होता है, आंखें शहद जैसी, सिर गोल होता है । ऐसा व्यक्ति जलक्रीड़ा प्रिय, अत्यंत कामी, स्त्री से तृप्त न होनेवाला, ऊंचे कदवाला एवं 60 वर्ष की स्वस्थ आयु भोगनेवाला होता है ।

यह योग पंच महापुरुष लक्षण में से एक प्रसिद्ध योग है । इस योग में जन्मा व्यक्ति राजपुरुष, राजा, राजमंत्री, राजगुरु होता है ।

(87) केसरी योग

निष्पत्ति— **किं कुर्वन्ति ग्रहा सर्वे, यस्य केन्द्रे बृहस्पतिः ।**
मत्तमातंगयूथानाम्, एकोऽहन्ति केसरी ।।

—मानसागरी

परिणाम — कोई भी लग्न हो यदि केंद्र स्थान 1, 4, 7, 10 में बृहस्पति हो तो यह योग बनता है । इस योग में जन्म लेने वाला व्यक्ति अत्यंत प्रभावशाली एवं मनुष्यों का नेता होता है । यह राजनीति में सफलता दिलानेवाला, एक प्रकार से राजपुरुष योग है । शास्त्रकारों ने कहा कि जिस प्रकार सैंकड़ों मस्त हाथियों के समूह को एक केसरी "सिंह" मारकर भगा देता है ठीक उसी प्रकार से जन्मकुंडली अन्य अशुभ योग चांहे जितने हों पर एक "केसरी योग" उनके कुप्रभाव को पूर्णतः नष्ट कर देता है ।

(88) गजकेसरी योग

निष्पत्ति— **गजकेसरी संजातः तेजस्वी धन्य धान्यवान् ।**
मेधावी गुणसम्पन्नो राज्यप्राप्ति नरो भवेत् ।।

परिणाम — चंद्र से केंद्र में गुरु, एवं गुरु से केंद्र में चंद्रमा परस्पर 1, 4, 7, 10 स्थानों में हों तो गजकेसरी योग बनता है । इस योग में जन्म लेने वाला व्यक्ति अनेक मित्रों, प्रशंसकों एवं संबंधियों से घिरा रहता है एवं उनके द्वारा सराहा भी जाता है। ऐसा जातक स्वभाव से विनम्र, विवेकवान एवं गुणग्राही होता है । इस योग में जन्म लेने वाला व्यक्ति गांव, शहर का मुखिया, नगरपार्षद, मेयर वगैरा होता है । ऐसा जातक मनुष्यों का नेता होता हुआ यशस्वी होता है तथा मृत्यु के बाद भी उसकी यश-गाथा अक्षुण रहती है ।

विशेष — गुरु व चंद्रमा की स्थिति जितनी बलवान होगी, यह योग भी उतना ही बलवान होगा ।

(89) शत्रु हंता राजपुरुष योग

निष्पत्ति— **यदि भवति च केन्द्रे धर्मभे स्वोच्चसंस्थः,**
सुतभवनगतो वा वाक्पतिर्जन्मकाले ।
स भवति नरनाथः सार्वभौमो जितारिः,
शशि-बुध-भृगुपुत्रैः अन्वितो वीक्षितो वा ।।

—मानसागरी 4 / 81 पृ० 256

परिणाम — जन्मलग्न में गुरु उच्च का होकर केंद्र 1, 4, 7, 10 स्थानों में हो अथवा पंचम या नवम भाव में हो । यह बलशाली गुरु यदि चंद्रमा, बुध या शुक्र से युत हो किंवा दृष्ट हो तो यह योग बनता है ।

इस योग में जन्म लेनेवाला व्यक्ति राजपुरुष होता है तथा राजतुल्य ऐश्वर्य व पराक्रम को भोगता हुआ अपने शत्रुओं को हराने में पूर्णतः सक्षम व समर्थ पुरुष होता है, इसमें कोई संदेह नहीं ।

(90) कलानिधि योग

निष्पत्ति — जब गुरु द्वितीय अथवा पंचम भाव में स्थित हो और बुध तथा शुक्र दोनों से युक्त अथवा दृष्ट हो अथवा गुरु, बुध अथवा शुक्र के नवांश राशि आदि में स्थित हो तो 'कलानिभि' नाम का योग बनता है ।

परिणाम — 'कलानिधियो' में उत्पन्न होनेवाला मनुष्य ऐश्वर्य से युक्त तथा सभी प्रकार की कलाओं में निपुण होता है ।

(91) कलानिधि योग

परिभाषा — शुक्र द्वितीय या पंचम भाव में बृहस्पति के साथ वृष, मिथुन, कन्या या तुला राशि में हो तो यह योग बनता है ।

परिणाम — इस योग में जन्मा जातक सभी प्रकार की कलाओं में निपुण होता हुआ राजमान्य होता है । ऐसे जातक अत्यधिक भावुक होते हैं । इनके पास विभिन्न प्रकार के वाहनों का सुख होता है । ये स्वभाव से अच्छे, विनम्र एवं सद्‌गुणी जातक होते हैं ।

विवेचन — इस योग में शुक्र, बृहस्पति एवं बुध इन तीन ग्रहों का प्रधान योगदान है ।

(92) विश्वविख्यात कीर्ति योग

निष्पत्ति—

एकः शुक्रो जननसमये लाभसंस्थे च केन्द्र,
जातो वै जन्मराशै यदि सहजगते प्राप्तयते वा त्रिकोणे ।
विद्याविज्ञान युक्तो भवति नरपतिः विश्विविख्यात कीर्तिः,
दानी मानी च शूरो हयगणसहितः सद्‌गुणौ सेव्यभावः ॥

— मानसागरी 4/2 पृ.242

परिणाम — जिसकी जन्मकुंडली में शुक्र केंद्र-त्रिकोण 1/4/7/10/5/9 स्थानों में हो तो और स्वगृही हो या उच्च का हो तो यह योग बनता है । इस योग में जन्म लेने वाला व्यक्ति विद्यावान, किसी हुनर या विज्ञान का जानकार, दानी, मानी, शूरवीर तथा हाथी-घोड़े से युक्त (उत्तम वाहन से युक्त) कीर्तिवान् जातक होता है । ऐसे जातक की कीर्ति गांव-शहर व देश की सीमाओं

को लांघकर विदेश तक भी पहुंच जाती है। ऐसा जातक धन-धान्य से परिपूर्ण एवं परस्त्रियों का प्रिय होता है।

(93) मरूत योग

निष्पत्ति — शुक्र से 5वें या 9वें स्थान पर गुरु हो, गुरु से 5वें स्थान पर चंद्रमा हो तथा चंद्रमा से केंद्र (1, 4, 7, 10) में सूर्य हो तो मरूत् योग होता है।

परिणाम — इस योग में उत्पन्न होनेवाला व्यक्ति बातचीत करने की कला में पटु होता है, उसका हृदय विशाल तथा दूसरों की सहायता करने को सदा तत्पर रहता है। आर्थिक दृष्टि से संपन्न और सुखी, शारीरिक दृष्टि से स्थूलकाय तथा एक सफल व्यापारी होता है, जो अपने प्रयत्नों से व्यापार को चतुर्दिक फैला देता है। ज्ञानवान, तुरंत निर्णय लेने की शक्ति और सही समय को पहचानने की क्षमता, उसके विशिष्ट गुण होते हैं।

(94) द्वादश शुक्र योग

निष्पत्ति — यदि शुक्र द्वादश स्थान में हो तो धन तथा स्त्री के लिए शुभ है और "द्वादश शुक्र" का योग बनता है।

परिणाम — शास्त्रकारों ने कहा है द्वादश में शुक्र स्त्री की आयु को बढ़ाने वाला तथा धन ऐश्वर्य प्रदान करने वाला होता है। शुक्र भोगात्मक ग्रह है; द्वादश भोग स्थान है; अतः शुक्र की द्वादश भाव में स्थिति शुक्र के अनुकूल बैठती है। अब चूंकि शुक्र 'स्त्री' का कारक है अतः इस योग द्वारा स्त्री का दीर्घायु हो जाना युक्तियुते है। द्वादश शुक्र से भोगों की प्राप्ति भी इसी प्रकार सिद्ध है।

(95) शश योग

निष्पत्ति— **नना सेनानिचयनिरतो, दन्तुरश्चापि किन्चित्,**
धातोर्वादिभवति कुशल, चन्चलो लोलनेत्रः ।
स्त्रीसंसक्तः परधनहरो, मातृभक्तः सुजंघो,
मध्ये क्षामः सुललितमती, रन्ध्रवेदी परेषाम् ।।

— मानसागरी 4/2 पृ.217

परिणाम — जिसकी जन्मकुंडली में शनि स्वगृही, मूलत्रिकोण या उच्च का होकर केंद्रस्थानों 1/4/7/10 में हो तो यह योग बनता है । यह पंच महापुरुष लक्षण में से एक योग है । इस योग में जन्म लेने वाला व्यक्ति राजपुरुष किंवा ऐसा प्रभावशाली व्यक्ति होता है जिसके नीचे नौकर-चाकर काम करते हैं वह स्वयं गांव का मुखिया, नगर अध्यक्ष, प्रसिद्ध नेता, राजा एवं राजातुल्य ऐश्वर्य भोगनेवाला जातक है ।

इस योग में जन्म लेने वाले व्यक्ति के दांत बड़े होते हैं, नेत्र चंचल हाते हैं, परस्त्री की तरफ इसकी आसक्ति होती है । दूसरों के दोष निकालने में इसे आनंद आता है । दूसरे के धन हरण में दक्ष, मातृ भक्त, सुंदर जंघावाला कृश कटिवाला ऐसा जातक भोगी एवं योगी दोनों ही गुणों को धारण करनेवाला, राजनीति के दांव-पेंच में कुशल व्यक्ति होता है ।

(96) यशस्वी दंडनायक योग

निष्पत्ति — **धनवान प्रायः शूरो मन्त्री वा दण्डनायकः पुरुषः ।**
दशमस्थे रवितनये, वृन्दपुरग्राम नेता वा ।।

जिसके जन्मकाल लग्न से दशम स्थान में शनि हो तो यह योग बनता है ।

परिणाम — ऐसा जातक धनवान, विद्वान्, शूरवीर, मंत्री एवं दंड देने वाला (न्यायाधीश) , गांव प्रमुख किंवा गावों के समूह का नेता होता है । इस भाव में शनि तुला, कुंभ या मकर राशि का हो तो योग अधिक पुष्ट होता है । ऐसा जातक यशस्वी होता है एवं शत्रुओं का नाश करने में समर्थ होता है ।

(97) दिग्बल योग

निष्पत्ति — शनि ग्रह को छोड़कर जब चार अथवा पांच ग्रह 'दिग्बल' से युक्त हों तो साधारण मनुष्य भी राजा की पदवी को प्राप्त करता है। यदि दो अथवा तीन ग्रह दिग्बल से युक्त हों तो राजवंश में उत्पन्न पुरुष राज पदवी को प्राप्त करता है। लग्न में स्थित होने से बुध तथा गुरु को दिग्बल की प्राप्ति होती है, शुक्र तथा चंद्र यदि चतुर्थ स्थान में स्थित हों तो इनको दिग्बल प्राप्त होता है। शनि यदि कुंडली में सप्तम स्थान में स्थित हो तो उसे वहां दिग्बल में बली माना जाता है। इसी प्रकार दशम भाव में यदि मंगल अथवा सूर्य स्थित हों तो इनको उस स्थान में दिग्बल की प्राप्ति होती है।

परिणाम — राजपदवी की प्राप्ति। जब ग्रहों को दिशा की अनुकूलता प्राप्त होती है तो उनमें एक विशेष प्रकार के बल की सृष्टि होती है। ग्रह जब बली होते हैं तो मनुष्य को मान, धन, पदवी राज्य सब कुछ देते हैं। अत: जब चार अथवा पांच ग्रह दिग्बल से बली होंगे तो स्पष्ट है कि कुंडली के बहुत ग्रहों के बली हो जाने के कारण और उसकी केंद्र स्थिति के कारण कुंडली का स्तर ऊंचा हो जाएगा।

(98) राजराजेश्वर योग

निष्पत्ति—

मृगपतिवृषकन्याकर्कटस्थे च राहौ
भवति विपुललक्ष्मी राजराजाधिपो वा।
हयगज नरनोका मेदिनीपण्डितश्च
स भवति कुलदीपो राहुतुंगो नराणाम्॥

—मानसागरी 4/19 पृ.246

परिणाम — जन्म समय में सिंह, वृष, कन्या, कर्क इन चारों राशियों में से किसी में भी राहु हो तो जातक महाराजाधिराज और लक्ष्मी से संपन्न होता है। राहु उच्च में हो तो हाथी-घोड़ा मनुष्य तथा नाव को सवारीवाला, जमीनवाला, पंडित और अपने कुल का श्रेष्ठ होता है। राज राजेश्वर योग भी प्रबल राज योग माना गया है

तथा यह योग होने से जातक पूर्ण सुखी, धनवान एवं ऐश्वर्य भोगी होता है ।

(99) राहु कीर्ति योग

निष्पत्ति— **कामाजकन्यारिपुरन्ध्रसंस्थे केन्द्रे त्रिकोणे व्ययगे च राहौ ।**
कामी च शूरो बलवान् स भोगी छत्रं गजाऽश्वा बहुपुत्रता च ॥

— मानसागरी 4/8 पृ.246

परिणाम— जन्म समय में सप्तम में मेष अथवा कन्या और छठा, आठवां, केंद्र (1/4/7/10) त्रिकोण (9, 5) बारहवें इनमें किसी भी घर में राहु हो तो जातक कामी, शूर, बलवान् भोगी, हाथी, घोड़ा, छत्र और बहुत पुत्रवाला राजा होता है ।

(100) जय योग

निष्पत्ति — षष्टेश यदि नीच वा हो तथा दशमेश परमोच्च का हो तो यह योग बनता है ।

परिणाम — ऐसा व्यक्ति दीर्घजीवी होता है । जीवन के सभी क्षेत्र में इसे बराबर सफलता मिलती है तथा शत्रुओं पर विजय पाने में पूर्ण सक्षम होता है । नाम के अनुसार विजयश्री सदैव इनका वरण करतो है । यह अखंड कीर्ति योग है ।

विवेचन — कुंडली में छठा घर दुःस्थान माना गया है । यह ऋण, रोग एवं शत्रु का घर है । इसका स्वामी निर्बल होने से ऋण, रोग एवं शत्रु की न्यूनता स्वतः ही हो जाती है ।

दसवां घर प्रयत्न एवं व्यवसाय का है । इसका स्वामी परमोच्च का हो तो जातक को प्रत्येक कार्य में विजय मिलती है उसको कभी निराशा हाथ नहीं लगती ।

(101) त्रिलोचन योग

निष्पत्ति — सूर्य, चंद्रमा एवं मंगल एक-दूसरे से त्रिकोण में हों तो यह योग बनता है ।

परिणाम — ऐसे जातक भाग्यशाली होते है । ये दीर्घजीवी, धनिक एवं शत्रुओं को भयभीत करनेवाले पूर्ण पराक्रमी होते हैं ।

(102) बन्धुपूज्य योग

निष्पत्ति— **बन्धुस्थानेश्वरे सौम्ये, शुभग्रहयुतेक्षिते।**
शशिने लग्नसंयुक्ते, बन्धुपूज्यो भवेन्नरः ॥

— *बृहत्पाराशर होराशास्त्र 15/5*

बुध लग्न में हो, चतुर्थेश शुभ ग्रह हो तथा दूसरे शुभ ग्रह द्वारा देखा जाता है तब यह योग बनता है।

परिणाम — ऐसा जातक अपने बंधुजनों, इष्ट मित्रों द्वारा सम्मान प्राप्त करता है।

(103) बन्धुपूज्य योग

निष्पत्ति — चतुर्थ भाव या चतुर्थेश बृहस्पति द्वारा देखा जाता हो तब भी यह योग बनता है।

परिणाम — ऐसा व्यक्ति अपने बंधुजनों, इष्ट-मित्रों द्वारा पूजा जाता है। वह परिजनों द्वारा उचित आदर व सम्मान को प्राप्त करता है। यह एक प्रकार से कीर्ति पद योग है।

(104) मृदगं योग

निष्पत्ति — नवमांश कुंडली का स्वामी उच्च होकर केंद्र त्रिकोण में हो तथा लग्नेश बलवान हो तो यह योग बनता है।

परिणाम — ऐसा जातक प्रभावशाली होता है। राज्य के द्वारा आदर व सम्मान प्राप्त करता है तथा ऐसा जातक दिखने में सुंदर एवं आकर्षक व्यक्तित्व का धनी होता है।

(105) पराक्रम योग

निष्पत्ति — तृतीयेश शुभ ग्रह से दृष्ट होकर शुभ ग्रह के नवमांश में हो एवं मंगल बलवान स्थिति में हो तो यह योग बनता है।

परिणाम — ऐसा जातक प्रबल, साहसी एवं पराक्रमी होता है।

(106) कीर्ति भंग योग

निष्पत्ति — धन स्थान एवं तृतीय स्थान में पापग्रह हो, तृतीयेश अष्टम भाव में हो तो यह योग बनता है ।

परिणाम — इस योग में जन्म लेनेवाला जातक निंदनीय कार्य करता है । ऐसा जातक प्राय: बीमार रहता है, उसे भाइयों का सुख कमजोर रहता है । समाज में, राज्य में मानहानि द्वारा इनकी प्रतिष्ठा गिरती है तथा कीर्ति भंग अवश्य होती है, इसमें संदेह नहीं । ऐसे जातक को समय रहते विज्ञ ज्योतिषी से इसका उपाय करा लेना चाहिए ।

उपाय — तृतीयेश का मंत्रपूरित रत्न धारण करें ।

(107) अपकीर्ति योग

निष्पत्ति — दशम भाव में सूर्य और शनि हो तथा दशम भाव पापयुत या पापदृष्ट हो तो यह योग बनता है ।

परिणाम — ऐसे जातक की प्रतिष्ठा भंग होती है । यद्यपि इनके जीवन में दिखावा अधिक होता है पर पानी के बुलबुले की भांति इनकी प्रतिष्ठा कभी भी भंग हो सकती है ।

उपाय — तृतीयेश का मंत्रपूरित रत्न धारण करें ।

(108) हर्ष योग

निष्पत्ति — यदि छठे घर का स्वामी छठे स्थान में हो तो यह योग बनता है ।

परिणाम — वर्ष योग में जन्म लेनेवाला व्यक्ति भाग्यशाली, सुखी, अजेय, शारीरिक रूप से स्वस्थ, धनी, पापकर्मों से डरने वाला किंतु ख्याति प्राप्त व्यक्ति होता है ।

विशेष — इस योग से हमें यह पता चलता है कि दु:स्थान के स्वामी यदि दु:स्थान में हों तो अशुभ स्वामित्व के कारण बुरे फलों पर नियंत्रण स्थापित करके शुभफलदाई हो जाते हैं ।

(109) सरल योग

निष्पत्ति — यदि आठवें घर का स्वामी अष्टम स्थान में हो तो यह योग बनता

है ।

परिणाम — सरल योग में उत्पन्न व्यक्ति दीर्घ जीवी, भय से मुक्त, विद्वान् एवं शत्रुओं को आतंकित करनेवाला नामचीन (ख्याति प्राप्त) व्यक्ति होता है ।

विशेष — इस योग से हमें यह पता चलता है कि दुःस्थान के स्वामी यदि दुःस्थान में हो तो अशुभ स्वामित्व के कारण बुरे फलों पर नियंत्रण स्थापित करके शुभ फलदाई हो जाते हैं ।

(110) विमल योग

निष्पत्ति — यदि द्वादश भाव का स्वामी द्वादश स्थान में हो तो यह योग बनता है ।

परिणाम — विमल योग में जन्म लेनेवाला व्यक्ति कंजूस, सुखी, स्वतंत्र विचारोंवाला एवं प्रतिष्ठित व्यक्ति होता है । ऐसे व्यक्ति की प्रतिष्ठा जन्मस्थान से बाहर ज्यादा होती है ।

विशेष — इस योग से हमें यह पता चलता है कि दुःस्थान के स्वामी यदि दुःस्थान में हो तो अशुभ स्वामित्व के कारण बुरे फलों पर नियंत्रण स्थापित करके शुभ फलदाई हो जाते हैं ।

(111) लग्न मालिका योग

निष्पत्ति — यदि राहु केतु को छोड़कर सातों ग्रह क्रमशः सभी सातों भावों में समीपस्थ हो तो यह योग बनता है । यदि यह योग लग्न में लेकर बनता हो तो इसे लग्न माला योग होता है ।

परिणाम — ऐसा व्यक्ति राजा, शासक, कमांडर या शहर का जाना-माना धनी व्यक्ति होता है ।

विशेष — प्रत्येक भाव के अनुसार कुल 12 प्रकार के मालिका योग कहे गए हैं । कुछ विद्वान् इस मालिका योग को 'माला योग' के नाम से भी जानते है । पिरोए गए पुष्पों के हार की तरह सभी ग्रह एक ही पुष्पमालिका की तरह दिखने से इन योगों को ऋषियों ने मालिका योग कहा है ।

(112) धन मालिका योग

निष्पत्ति — राहु केतु को छोड़ कर यदि सातों ग्रह धन स्थान से लेकर सातों भावों में समीपस्थ रहे तो यह योग बनता है ।

परिणाम — ऐसा व्यक्ति शहर का जाना-माना धनी व्यक्ति होता है । किसी भी बात का निश्चय करने पर उसे पूरा करके ही छोड़ता है ।

विशेष — प्रत्येक भाव के अनुसार कुल 12 प्रकार के मालिका योग कहे गये हैं । कुछ विद्वान् इस मालिका योग को 'माला योग ' के नाम से भी जानते हैं । पिरोए गए पुष्पों के हार की तरह सभी ग्रह एक ही पुष्पमालिका की तरह दिखने से इन योगों को ऋषियों ने मालिका योग कहा है ।

(113) विक्रम मालिका योग

निष्पत्ति — राहु केतु को छोड़कर यदि सातों ग्रह पराक्रम स्थान से लेकर सातों भावों के समीपस्थ रहे तो यह योग बनता है ।

परिणाम — ऐसा व्यक्ति साहसी लोगों के बीच में रहनेवाला शासक एवं शहर नगर का धनी एवं नामी व्यक्ति होता है ।

विशेष — प्रत्येक भाव के अनुसार कुल 12 प्रकार के मलिका योग कहे गए हैं । कुछ विद्वान् इस मालिका योग को 'माला योग' के नाम से भी जानते है । पिरोए गए पुष्पों के हार की तरह सभी ग्रह एक ही पुष्पमालिका की तरह दिखने से इन योगों को ऋषियों ने मालिका योग कहा है ।

(114) सुख मालिका योग

निष्पत्ति — राहु केतु को छोड़कर सातों ग्रह यदि चतुर्थ भाव से लेकर सातों भावों के समीपस्थ रहे तो यह योग बनता है ।

परिणाम — ऐसा जातक धर्म एवं परोपकार का कार्य करनेवाला, धनी एवं ख्याति प्राप्त व्यक्ति होता है ।

विशेष — प्रत्येक भाव के अनुसार कुल 12 प्रकार के मलिका योग कहे गए हैं । कुछ विद्वान् इस मालिका योग को 'माला योग' के नाम से भी जानते हैं । पिरोए गए पुष्पों के हार की तरह सभी ग्रह एक ही पुष्पमालिका की तरह दिखने से इन योगों को ऋषियों ने मालिका योग कहा है ।

(115) पुत्र मालिका योग

निष्पत्ति – राहु केतु को छोड़कर सातों ग्रह यदि पंचम भाव से लेकर सातों भावों के समीपस्थ रहे तो यह योग बनता है ।

परिणाम – ऐसा व्यक्ति अत्यधिक धार्मिक, प्रसिद्ध एवं समझदार होता है ।

विशेष – प्रत्येक भाव के अनुसार कुल 12 प्रकार के मलिका योग कहे गए हैं । कुछ विद्रान् इस मालिका योग को 'माला योग' के नाम से भी जानते हैं । पिरोए गए पुष्पों के हार की तरह सभी ग्रह एक ही पुष्पमालिका की तरह दिखने से इन योगों को ऋषियों ने मालिका योग कहा है ।

(116) शत्रु मालिका योग

निष्पत्ति – राहु केतु को छोड़कर सातों ग्रह यदि छठे भाव से लेकर सातों भावों के समीपस्थ रहे तो यह योग बनता है ।

परिणाम – ऐसा व्यक्ति कुछ लालची एवं गरीब होता है ।

(117) कलत्र मालिका योग

निष्पत्ति – राहु केतु को छोड़कर सातों ग्रह यदि सातवें भाव से लेकर सातों स्थानों में समीपस्थ रहे तो यह योग बनता है ।

परिणाम – ऐसा व्यक्ति स्त्रियों को आकर्षित करनेवाला एवं सर्वजनप्रिय व प्रसिद्ध होता है ।

विशेष – प्रत्येक भाव के अनुसार कुल 12 प्रकार के मलिका योग कहे गए हैं । कुछ विद्रान् इस मालिका योग को "माला योग" के नाम से भी जानते हैं । पिरोए गए पुष्पों के हार की तरह सभी ग्रह एक ही पुष्पमालिका की तरह दिखने से इन योगों को ऋषियों ने मालिका योग कहा है ।

(118) रन्ध्र मालिका योग

निष्पत्ति — राहु केतु को छोड़कर सातों ग्रह यदि आठवें भाव से लेकर सातों स्थानों में समीपस्थ रहे तो यह योग बनता है ।

परिणाम — ऐसा जातक आर्थिक रूप से विपन्न, अल्प ख्याति वाला होता है । उसका जीवन संघर्षमय रहता है । उसके मन में हरेक पर हकूमत करने की इच्छा रहती है ।

विशेष — यदि यह योग स्त्री की कुंडली में हो तो वह सब पर शासन करने वाली होती है । खासकर पति उसके अनुशासन में रहता है ।

(119) भाग्य मालिका योग

निष्पत्ति — राहु केतु को छोड़कर सातों ग्रह यदि नवमे भाव से लेकर सातों भावों में समीपस्थ हो तो यह योग बनता है ।

परिणाम — ऐसा जातक धर्मप्रिय, न्याय की बात करनेवाला, शक्तिशाली, ऐश्वर्य संपन्न एवं प्रसिद्ध होता है ।

विशेष — यदि यह योग स्त्री की कुंडली में हो तो वह सब पर शासन करने वाली होती है । खासकर पति उसके अनुशासन में रहता है ।

(120) कर्म मालिका योग

निष्पत्ति — राहु केतु को छोड़कर सातों ग्रह दसवें भाव से लेकर सातों भावों में समीपस्थ हो तो यह योग बनता है ।

परिणाम — ऐसा जातक शहर व नगर का सम्मानित एवं प्रसिद्ध व्यक्ति होता है तथा आचरण में सदाचारी एवं सबका भला चाहने वाला होता है ।

विशेष — यदि यह योग स्त्री की कुंडली में हो तो वह सब पर शासन करने वाली होती है । खासकर पति उसके अनुशासन में रहता है ।

(121) लाभ मालिका योग

निष्पत्ति — राहु केतु को छोड़कर सातों ग्रह यदि ग्यारहवें भाव से लेकर सातों भावों में समीपस्थ हो तो यह योग बनता है ।

परिणाम — ऐसा व्यक्ति व्यवहार कुशल एवं ख्याति प्राप्त होता है। ऐसा जातक स्त्रियों का प्रिय एवं आकर्षक व्यक्तित्व वाला होता है।

विशेष — यदि यह योग स्त्री की कुंडली में हो तो वह सब पर शासन करने वाली होती है। खासकर पति उसके अनुशासन में रहता है।

(122) व्यय मालिका योग

निष्पत्ति — राहु केतु को छोड़कर सातों ग्रह यदि द्वादश स्थान से लेकर सातों भावों में समीपस्थ हो तो यह योग बनता है।

परिणाम — ऐसा व्यक्ति स्वतंत्र विचारों वाला, नगर का सबसे आदणीय एवं सम्मानित व्यक्ति होता है है। ऐसा व्यक्तिसमाज में अपनी ख्याति अलग प्रकार से अर्जित करता है।

(123) अपयशदायक केमद्रुम योग

निष्पत्ति — यदि चंद्रमा के दोनों ओर कोई ग्रह न हो शुभ ग्रह उसे न देखते हों, तो केमद्रुम योग बनता है।

परिणाम — जातक गंदा, दु:खी, अनुचित काम करनेवाला, गरीब, दूसरे पर निर्भर, दुष्ट और ठग होगा। ऐसे व्यक्ति को जीवन में सदैव अपयश ही मिलता है।

(124) चंद्र-मंगल कीर्ति योग

चन्द्रण मंगलो युक्ता, जन्मकाले यदा भवेत्।
तस्य मातस्य गेहं तु, लक्ष्मी नैव विमुचति॥

—मानसागरी 4/8 पृ० 277

निष्पत्ति — यदि मंगल चंद्रमा से संयुक्त हो, परस्पर दृष्ट न हो तो यह योग बनता है। ऐसे जातक के घर में से लक्ष्मी कहीं नहीं जाती।

परिणाम — चंद्र+मंगल की युति लक्ष्मी एवं कीर्तिदायक है।

(125) वसुमती योग

निष्पत्ति — यदि लग्न से या चंद्रमा से उपचय (3, 6, 10 और11) में शुभ ग्रह स्थित हो तो इस योग का नाम वसुमती योग होता है ।

परिणाम — जातक किसी के ऊपर निर्भर नहीं होगा बल्कि वह काफी धन का स्वामी होगा ।

(126) राजलक्षणी योग

निष्पत्ति — बृहस्पति, शुक्र, बुध और चंद्रमा लग्न भाव में हों या केंद्र में हों तो राजलक्षण योग बनता है ।

परिणाम — जातक का चेहरा आकर्षक होगा और उसमें उच्च व्यंक्तित्व के सभी गुण होंगे । जातक प्रसिद्ध होगा ।

(126) a पर्वत योग

निष्पत्ति — यदि केंद्र भावों में शुभ ग्रह हों, 6 और 8 वें भावों में कोई ग्रह न हो या शुभ ग्रह हो तो पर्वत योग बनता है ।

परिणाम — जातक धनी, संपन्न, स्वतंत्र, दानशील, मजाकिया और नगर या गांव का प्रधान होगा । वह कामुक भी होगा ।

(127) लक्ष्मी योग

निष्पत्ति — यदि लग्नाधिपति बली हो और नवमाधिपति उच्च या अपनी ही राशि में केंद्र या त्रिकोण में स्थित हो तो लक्ष्मी योग बनता है ।

परिणाम — वह व्यक्ति धनी, उत्तम, विद्रान् और ख्याति प्राप्त होगा, आकर्षक चेहरा, अच्छा शासक और जीवन के सभी सुखों और आराम को भोगनेवाला होगा ।

(128) गौरी योग

निष्पत्ति — यदि दशमाधिपति नवांश के अधिपति के साथ हो और नवांश का अधिपति दशम भाव में उच्च का हो और लग्नाधिपति से युक्त हो तो गौरी योग बनता है ।

परिणाम — जातक सम्मानित परिवार में जन्म लेता है, उसके पास अनेक भूमि होती है, वह धर्मार्थ काम करता है। धार्मिक संस्कार कराता है, उसके पुत्र उत्तम आचरण वाले होंगे और वह एक प्रशंसित व्यक्ति होगा।

(129) भारती योग

निष्पत्ति — यदि नवांश का अधिपति द्वितीयेश, पंचमेश और एकादशेश के साथ हो और नवांश का अधिपति राशि में उच्च का हो और नवमाधिपति से युक्त हो तो भारतीयोग बनता है।

परिणाम — विश्व में प्रसिद्ध, विद्वान्, संगीत का शौकीन, आशिक मिजाज, आकर्षक, धर्म की ओर प्रवृत्तिवाला और आंख मटकाने वाला होगा।

(130) चाप योग

निष्पत्ति — यदि लग्नाधिपति उच्च का हो और चतुर्थेश तथा दशमाधिपति के बीच परस्पर राशि परिवर्तन योग हो तो चाप योग बनता है।

परिणाम — ऐसा व्यक्ति राजा की परिषद में शामिल होगा, धनी होगा और पूरा बलशाली होगा अथवा खजाने का नियंत्रक होगा।

(131) पारिजात योग

निष्पत्ति — जिस भाव में लग्नाधिपति स्थित हो वहीं नवांश का अधिपति अथवा राशि का अधिपति स्थित हो, जिसमें लग्नाधिपति स्थित हो उस राशि का अधिपति यदि केंद्र, त्रिकोण, अपनी राशि या उच्च का हो तो पारिजात योग बनता है।

परिणाम — जीवन के मध्य और अंतिम काल में सुखी, राजा और शासकों से सम्मानित, युद्ध का शौकीन, हाथी और घोड़ों का स्वामी, परंपरा का पालन करनेवाला, उदार और प्रसिद्ध होता है।

(132) गज योग

निष्पत्ति — यदि ग्यारहवें भाव से नवमाधिपति चंद्रमा के साथ ग्यारहवें भाव में स्थित हो और एकादशेश से दृष्ट हो तो गज योग बनता है।

परिणाम — जातक के पास अनेक पशु, हाथी और घोड़े होंगे, जीवन में सुखी और धनी होगा।

(133) अंशावतार योग

निष्पत्ति — यदि शुक्र और बृहस्पति केंद्र में हों, लग्न चर राशि में हो और शनि केंद्र में उच्च का हो तो अंशावतार योग बनता है।

परिणाम — निष्कलंक प्रसिद्धि, युक्त विद्वान्, लैंगिक आनंद का शौकीन, नियंत्रण के अधीन कामुक, दर्शनशास्त्र का ज्ञाता, शासक या शासक तुल्य जातक होता है।

(134) हरिहर ब्रह्मा योग

निष्पत्ति — यदि दूसरे भाव के अधिपति से 8 वें या 12 भाव में शुभ ग्रह हों अथवा बृहस्पति, चंद्रमा और बुध सप्तमाधिपति से 4, 9 और 8 वें भाव में हो अथवा यदि सूर्य, शुक्र और मंगल लग्नाधिपति से 4, 10 और 11 वें भाग मे हों तो हरिहरब्रह्मा योग बनता है।

परिणाम — इस योग में उत्पन्न व्यक्ति वेदों का ज्ञाता, विश्वासी होगा। उसके पास आनंद के सभी सामान होंगे, आकर्षक वक्ता, लैंगिक आनंद का शौकीन, शत्रुओं पर विजय पानेवाला, दूसरों की मदद करनेवाला और पवित्र कार्यों में लगा रहने वाला होगा।

(135) कुसुम योग

निष्पत्ति — यदि बृहस्पति लग्न में हो, चंद्रमा सातवें भाव में हो और सूर्य चंद्र राशि से 8 वें में हो तो कुसुम योग बनता है।

परिणाम — जातक राजा या राजा के तुल्य होगा, अपने जनों की सुरक्षा करने

वाला, नगर का निवासी या प्रधान और निष्कलंक प्रसिद्धि वाला होगा ।

(136) मत्स्य योग

निष्पत्ति — यदि लग्न और नवम भाव में अशुभ ग्रह हों, पंचम भाव में शुभ और अशुभ दोनों हों और चौथे तथा 8 वें भावों में अशुभ ग्रह हों तो मत्स्य योग बनता है ।

परिणाम — ऐसा व्यक्ति प्यार का सागर होगा, समय की परख रखनेवाला, उत्तम आचरण वाला, प्रसिद्ध, धार्मिक और विद्वान् होगा ।

(137) कूर्म योग

निष्पत्ति — जब 5, 6 और 7 वें भावों में शुभ ग्रह हों और वे उच्च में, अपनी राशि या मित्र के नवांश में हो अथवा 1, 3 और 11 वें भावों में शुभ ग्रह उच्च, स्वराशि या मित्र राशि में हों तो इससे कूर्म योग बनता है ।

परिणाम — ऐसा जातक विश्वविख्यात, राजकीय सुख, उचित व्यक्ति, साहसी, सुखी, दूसरों की मदद करनेवाला, लोगों का नेता और नम्र स्वभाव वाला होगा ।

(138) देवेंद्र योग

निष्पत्ति — जब लग्न चर राशि में हो, लग्नाधिपति और एकादशेश के बीच परस्पर भाव परिवर्तन हो और द्वितीयेश 10 वें भाव में हो या दशमाधिपति दूसरे भाव में हो तो देवेंद्र योग बनता है ।

परिणाम — इस योग में जन्मा जातक सुंदर चेहरा, विनोदी, निष्कलंक ख्याति, श्रेष्ठ भवनों का निर्माता , सेना में कमांडर और लंबी आयु वाला व्यक्ति होता है ।

(139) मुकुट योग

निष्पत्ति — यदि बृहस्पति नवमाधिपति से नवम भाव में हो, बृहस्पति से नवम भाव में शुभ ग्रह हो और शनि 10 वें भाव में हो तो मुकुट योग बनता है ।

परिणाम — जातक राजा बनेगा या वन के जनजाति का प्रधान बनेगा या शिकारी बनेगा। वह शक्तिशाली, किन्तु दृढ़ विचारवाला एक सफल खिलाड़ी होगा।

विशेष — ऐसे जातक का राष्ट्रीय स्तर पर सम्मान जरूर होता है।

(140) चंद्रिका योग

निष्पत्ति — यदि नवांश के अधिपति के साथ षष्ठेश हो और नवांश के अधिपति के साथ नवमाधिपति हो और सूर्य से युक्त हो और यदि लग्न स्थिर राशि हो षष्ठेश से दृष्ट हो तो चंद्रिका योग बनता है।

परिणाम — जातक आक्रमणकारी, धर्मार्थ, धनी, मंत्री या मंत्रीतुल्य होगा, वह दीर्घजीवी तथा सुखी और ख्यातिवाला होगा।

(141) विद्युत योग

निष्पत्ति — जब एकादशेश अति उच्च का हो और लग्नाधिपति से केंद्र में शुक्र के साथ हो तो विद्युत योग बनता है।

परिणाम — ऐसा जातक धर्मार्थ कार्य करने वाला, आमोद-प्रमोद प्रिय, खजांची या धन का नियंत्रक और महान् राजा या राजा तुल्य होता है।

(142) गांधर्व योग

निष्पत्ति — यदि दशमाधिपति केंद्र त्रिकोण में हो, लग्नाधिपति और बृहस्पति साथ में हों, सूर्य बली हो और उच्च का हो और चंद्रमा नवम भाव में हो गांधर्व योग बनता है।

परिणाम — ऐसा जातक ललित कला में प्रवीण होगा, शक्तिशाली होगा, मनोरंजन प्रिय होगा, अच्छी पोशाक पहनेगा, ख्याति प्राप्त होगा और 68 वर्षों तक जीवित रहेगा।

(143) शिव योग

निष्पत्ति — यदि पंचमाधिपति नवम भाव में हो, नवमाधिपति दशम भाव में हो और दशमाधिपति पंचम भाव में हो तो शिव योग बनता है ।

परिणाम — ऐसा जातक एक बहुत बड़ा व्यापारी होगा, विजयी होगा और सेना में कमांडर होगा, उसके पास दैवी शक्ति होगी और एक पवित्र एवं आदर्श जीवन व्यतीत करेगा ।

(144) विष्णु योग

निष्पत्ति — यदि जिस नवांश में नवमाधिपति स्थित हो और उसका अधिपति और दशमाधिपति नवमाधिपति के साथ दूसरे भाव में युक्त हो तो विष्णु योग बनता है ।

परिणाम — ऐसा जातक सुखी जीवन व्यतीत करेगा, विभिन्न देशों से धन प्राप्त करेगा और लाखों में धन कमाएगा, शक्तिशाली होगा और बातचीत में निपुण होगा, वाद-विवाद में बुद्धिमानी से काम लेगा । वह विष्णु का उपासक होगा, शासक इसकी प्रशंसा करेंगे और रोगमुक्त होकर सौ वर्षों तक जीवित रहेगा ।

(145) ब्रह्मा योग

निष्पत्ति — यदि बृहस्पति और शुक्र क्रमश: नवम और एकादश भावों के अधिपतियों से केंद्र में स्थित हो और लग्नेश या दशमाधिपति से केंद्र में बुध हो तो ब्रह्मा योग बनता है ।

परिणाम — ऐसा जातक अच्छे भोजन का आनंद उठाएगा और ब्राह्मण तथा विद्वानों द्वारा सम्मानित होगा । वह विद्वान् होगा, दीर्घजीवी होगा और हमेशा अच्छा काम करने में लगा रहेगा ।

(146) इंद्र योग

निष्पत्ति — यदि 5 वें और 11 वें भावों के अधिपति के बीच भाव परिवर्तन योग हो और चंद्रमा पांचवें भाव में हो तो इंद्र योग बनता है ।

परिणाम — ऐसा जातक अत्यधिक साहसी, चिरकालिक प्रसिद्ध, राजाओं का राजा, उत्तम आनंद और 36 वर्षों की आयु वाला होता है ।

(147) रवि योग

निष्पत्ति — यदि सूर्य 10 में भाव से युक्त हो और दशमाधिपति शनि के साथ तीसरे भाव में हो तो रवि योग बनता है ।

परिणाम — ऐसा जातक शासकों से आदर प्राप्त करने वाला; विज्ञान का ज्ञाता, 15 वर्ष के बाद ख्याति, अति कामुक, साधारण भोजन का शौकीन, कमल नयन और अति विकसित छाती वाला होता है

(148) गरुड़ योग

निष्पत्ति — जिस नवांश में चंद्रमा स्थित हो उसके अधिपति को उच्च का होना चाहिए और जन्म दिन के समय का होना चाहिए जब कि चंद्रमा बली हो ।

परिणाम — ऐसा जातक पवित्र व्यक्तियों द्वारा सम्मानित, स्पष्टवादिता, शत्रुओं से भय और 34 वर्ष की आयु में विष से खतरा होता है ।

(149) गो योग

निष्पत्ति — बली बृहस्पति को द्वितीयेश के साथ मूल त्रिकोण में होना चाहिए और लग्नाधिपति को उच्च का होना चाहिए ।

परिणाम — ऐसा जातक सम्मानित परिवार से होगा, राजा या राजा तुल्य होगा, धनी और शक्तिशाली होगा ।

(150) गोल योग

निष्पत्ति — यदि पूर्णिमा का चंद्रमा बृहस्पति और शुक्र के साथ नवम भाव में हो और बुध नवांश में युक्त हो तो गोल योग बनता है ।

परिणाम — ऐसा जातक नम्र, विद्वान्, न्यायाधीश या गांव का प्रधान, दीर्घजीवी और स्वादिष्ट भोजन खानेवाला होगा ।

(151) कुलवर्द्धन योग

निष्पत्ति — सभी ग्रहों को लग्न, सूर्य और चंद्रमा से 5वें भाव में होना चाहिए ।

परिणाम — ऐसे जातक के पुत्र चिरंजीवी होंगे, जातक स्वयं धनी, स्वस्थ और दीर्घजीवी होगा।

(152) सरस्वती योग

निष्पत्ति — यदि बृहस्पति, शुक्र और बुध संयुक्त रूप से या अलग लग्न, 1, 4, 5, 7, 9 या 10 वें भाव में स्थित हो, बृहस्पति स्वराशि, उच्च राशि या मित्र राशि में हो तो सरस्वती योग बनता है।

परिणाम — जातक कवि, ख्याति प्राप्त, सभी विद्वानों में विद्वान्, कुशल, धनी, सबसे प्रशंसित, उत्तम पत्नी और बच्चोंवाला होगा।

(153) बुध योग

निष्पत्ति — यदि बृहस्पति लग्न में हो, चंद्रमा केंद्र में हो, चंद्रमा से दूसरे भाव में राहु हो और राहु से तीसरे भाव में सूर्य और मंगल हों तो बुध योग बनता है।

परिणाम — ऐसा जातक राजा के समान आराम, शक्तिशाली, ख्याति प्राप्त, कुलीन, विज्ञान का विद्वान्, तीव्र बुद्धिवाला और शत्रुओं से वंचित होगा।

(154) पराक्रम योग

निष्पत्ति — यदि तृतीयेश शुभ नवांश में हो और शुभ ग्रहों से दृष्ट या युक्त हो और मंगल शुभ राशि में हो तो पराक्रम योग बनता है।

परिणाम — ऐसा जातक काफी साहसी एवं पराक्रमी होगा।

(155) युद्धप्रवीण योग

निष्पत्ति — यदि जिस नवांश में तृतीयेश स्थित है, उसके अधिपति से युक्त नवांश का अधिपति स्ववर्ग से युक्त हो तो यह योग बनता है।

परिणाम — ऐसा जातक एक सक्षम युद्ध कला विशारद होता है और युद्ध में निपुण होता है।

(156) युद्ध कीर्ति योग

निष्पत्ति — यदि उच्च का तृतीयेश चर राशि या नवांश में अशुभ ग्रहों से युक्त हो तो यह योग बनता है ।

परिणाम — युद्ध आरंभ होने से पहले जातक में अपूर्व साहस होगा । ऐसा जातक युद्ध में कीर्ति प्राप्त करता है ।

(157) युद्ध कीर्ति योग

निष्पत्ति — तृतीयेश को स्थिर राशि, स्थिर राशि नवांश और क्रूरषष्टांयश में स्थित होना चाहिए और उस राशि के अधिपति को नीच का होना चाहिए ।

परिणाम — जातक युद्ध आरंभ होने के बाद साहस दिखाता है । ऐसा जातक युद्ध में कीर्ति प्राप्त करता है ।

(158) अपकीर्ति योग

निष्पत्ति — यदि 10 वें भाव में सूर्य और शनि स्थित हो जो अशुभ नवांश में हो या अशुभ ग्रहों से दृष्ट हों तो उपरोक्त योग बनता है ।

परिणाम — ऐसा जातक कुख्यात होगा किसी काम में उसको यश नहीं मिलेगा ।

उपाय — दसमेश का मंत्रपूत रत्न धारण करें ।

(159) अपकीर्ति योग

निष्पत्ति — तीसरे स्थान का स्वामी यदि छठे, आठवें या बारहवें हो तो यह योग बनता है ।

परिणाम — ऐसे व्यक्ति को कुटुंब-परिवार एवं मित्रों में अपयश मिलता है ।

उपाए — तृतीयेश का मंत्रपूत रत्न धारण करें ।

(160) कीर्ति दायक राज योग

निषिपत्ति — तीन या इससे अधिक ग्रह उच्च के हों और केंद्र में स्थित हों तो यह योग बनता है ।

परिणाम — जातक एक विख्यात एवं यशस्वी राजा बनता है अथवा ऊंचे पद पर बैठकर राजतुल्य ऐश्वर्य को भोगता है ।

(161) कीर्तिदायक राज योग

निष्पत्ति — पाप ग्रह नीच का हो किंतु चमकीले किरणों के साथ या वक्री हो और उचित स्थान पर स्थित हो तो राज योग बनता है ।

परिणाम — जातक की स्थिति एक शासक के बराबर होगी और उसमें भी राजकीय लक्षण होंगे ।

(162) कीर्तिदायक राज योग

निष्पत्ति — दो, तीन या चार ग्रहों का दिग्बल में होना आवश्यक है ।

परिणाम — साधारण परिवार में जन्म लेने के बावजूद शासक बनेगा एवं यशस्वी बनेगा ।

(163) कीर्तिदायक राज योग

निष्पत्ति — यदि चंद्रमा लग्न में हो, बृहस्पति चौथे भाव में, शुक्र 10 वें भाव में और शनि उच्च का हो या अपने ही भाव में हो तो राजयोग बनता है ।

परिणाम — जातक शासक या शासक के समान होता है एवं यशस्वी बनेगा ।

(164) कीर्तिदायक राजयोग

निष्पत्ति— यदि शनि उच्च का या मूल त्रिकोण का होकर केंद्र या त्रिकोण भाव में स्थित हो और दशमाधिपति से दृष्ट हो तो राजयोग बनता है ।

यदि दशमाधिपति उच्च का हो या 9 वें भाव में मित्र नवांश में हो और उत्तमांश में हो तो राजयोग बनता है ।

यदि बृहस्पति लग्न से 5 वें भाव में और चंद्रमा से केंद्र में स्थित हो और लग्न भाव में स्थिर राशि हो तथा उसका अधिपति केंद्र भाव में स्थित हो तो राजयोग बनता है ।

परिणाम— जातक शासक या शासक तुल्य बनता है एवं यशस्वी होता है ।

(165) कीर्तिदायक योग

निष्पत्ति— वृष लग्न में यदि चंद्रमा लग्न भाव में स्थित हो और शनि, सूर्य तथा बृहस्पति क्रमशः 10, 4 और 7वें भावों में स्थित हों तो राजयोग बनता है ।

परिणाम— जातक कमांडर या शासक तुल्य बनता है एवं यशस्वी होता है ।

(166) युद्धमरण कीर्ति योग

निष्पत्ति — यदि मंगल षष्ठेश या अष्टमाधिपति होकर तृतीयेश से युक्त हो और राहु, शनि या मांदि क्रूर नवांश में हो तो यह योग बनता है ।

परिणाम — जातक की मृत्यु युद्धस्थल में होगी। ऐसे जातक को मरणोपरांत राष्ट्रीय सम्मान एवं पदक मिलता है ।

भवन निर्माण कला एवं वास्तुशास्त्र

वेद, पुराण एवं शास्त्रों में वर्णित वास्तुकला के आधार पर ही प्राचीन भारत में सभी भवनों, मंदिरों, महल-अट्टालिका, गुफाओं, कुंओं, बाबड़ियों, जल संग्रह स्थलों का निर्माण होता था। इससे सभी मानव सभ्यता प्रसन्न व प्रमुदित रहती थी।

धीरे-धीरे भवन निर्माण व स्थापत्य कला विदेशी प्रभाव के ऊंट-पटांग फैशन में आकर विकृत होती चली गई। **पाश्चात्य जगत की ऊंट-पटांग चकाचौंध, सीमेंट व लोहे के बने, अशास्त्रीय विशाल फ्लेटों (भवनों) में लोग दुःखी, संतप्त एवं उदासीन रहने लगे। मानव जीवन की सार्थकता नष्ट होने लगी। भौतिक जीवन की विलासिता से लोग ऊब गये।** विदेशों में भारतीय वास्तुशास्त्र को लेकर बड़ा भारी चिंतन हुआ, शोध हुई। जर्मनी देश सबसे पहले इसमें आगे बढ़ा और उसने भारतीय वास्तुशास्त्र में छिपी वैज्ञानिकता का पता लगाया। फिर तो भारतीय वास्तु ज्ञान आंग्ल व अन्य विदेशी भाषाओं में नवीन परिभाषाओं के साथ मुखरित होकर फैलने लगा। अब विदेशों में भी जब कोई भवन बनता है तो सबसे पहले भवन का मुख्य द्वार किधर हो, जल स्थान (वाटर टैंक) कहां बनावें? अग्नि स्थान (किचिन) किधर होगा। शयन कक्ष (बैडरूम) उत्तर-पश्चिम की चुंबकीय तरंगों को देखकर बनाया जाता है और यह सभी कुछ भारतीय माप दंड एवं मान्यताओं के अनुसार होता है।

दिन-प्रतिदिन की आवश्यकताओं एवं दैनिक जीवन के उपयोग में आने

वाली जानकारियों के साथ, क्या करना चाहिए ? क्या नहीं करना चाहिए ? इन बातों का सूत्रात्मक एवं व्यवहारिक ज्ञान यहां प्रस्तुत किया जा रहा है। साथ में नक्शे भी दिये जा रहे हैं ताकि प्रबुद्ध पाठक वास्तु शास्त्र के रहस्यों को आसानी से समझ सकें।

वास्तु पुरुष मंडल परिचय

भगवान शंकर कहते हैं : — नगर, ग्राम तथा दुर्ग आदि में ग्रहों और प्रसादों की वृद्धि हो, इसकी सिद्धि के लिए इक्यासी पदों का वास्तुमंडल बनाकर उसमें वास्तु-देवता की पूजा अवश्य करनी चाहिए। (दस रेखा पश्चिम से पूर्व की ओर और दस दक्षिण से उत्तर की ओर खींचने पर इक्यासी पद तैयार होते हैं।) पूर्वाभिमुखी दस रेखाएं दस नाड़ियों की प्रतीकभूता हैं। उन नाड़ियों के नाम इस प्रकार बताए गए हैं — शांता, यशोवती, कांता, विशाला, प्राणवाहिनी, सती, वसुमती, नंदा, सुभद्रा और मनोरमा। उत्तराभिमुख प्रवाहित होने वाली दस नाडियां और हैं, जो उक्त नौ पदों को इक्यासी पदों में विभाजित करती हैं; उनके नाम ये हैं— हरिणी, सुप्रभा, लक्ष्मी, विभूति, विमला, प्रिया, जया (विजया), ज्वाला और विशोका। सूत्रपात करने से ये रेखामयी नाड़ियां अभिव्यक्त होकर चिंतन का विषय बनती हैं।

ईश आदि आठ-आठ देवता 'अष्टक' हैं, जिनका चारों दिशाओं में पूजन करना चाहिए। (पूर्वादि चार दिशाओं के पृथक्-पृथक् अष्टक हैं।) ईश, धन (पर्जन्य), जय (जयंत), शुक्र (इंद्र), अर्क (आदित्य या सूर्य), सत्य, भृश और व्योम (आकाश)—इन आठ देवताओं का वास्तुमंडल में पूर्व दिशा के पदों में पूजन करना चाहिए। हव्यवाट् (अग्नि), पूषा, वितथ, सौम (सोमपुत्र गृहक्षत), कृतांत (यम), गंधर्व, भृङ्ग (भृङ्गराज) और मृग— इन आठ देवताओं की दक्षिण दिशा के पदों में अर्चना करनी चाहिए। पितर, द्वारपाल (या दौवारिक), सुग्रीव, पुष्पदंत, वरुण,

दैत्य (असुर), शेष (या शोष) और यक्ष्मा (पापयक्ष्मा)— इन आठों का सदा पश्चिम दिशा के पदों में पूजन करने की विधि है। रोग, अहि (नाग), मुख्य, भल्लाट, सोम, शैल (ऋषि), अदिति इन आठों की उत्तर दिशा के पदों में पूजा होनी चाहिए। वास्तुमंडल के मध्यवर्ती नौ पदों में ब्रह्माजी पूजित होते हैं और शेष अड़तालीस पदों में से आधे में अर्थात् चौबीस पदों में वे देवता पूजनीय हैं, जो अकेले छः पदों में से अधिकार रखते हैं (ब्रह्माजी के चारों ओर एक-एक करके चार देवता षट्पदगामी हैं— जैसे पूर्व में मरीचि (या अर्यमा), दक्षिण में विवस्वान् पश्चिम में मित्र देवता तथा उत्तर में पृथ्वी घर।

ब्रह्माजी तथा ईश के मध्यवर्ती कोष्ठकों में जो दो पद हैं, उनमें 'आप' की तथा नीचेवाले दो पदों में 'आपवत्स' की पूजा करें। इसके बाद छः पदों में मरीचि की अर्चना करें। मरीचि और अग्नि के बीच में जो कोणवर्ती दो पद हैं, उनमें सविता की स्थिति है और उनसे निम्न भाग के दो पदों में सावित्री तेज या सावित्रीकी। उसके नीचे छः पदों में विवस्वान् विद्यमान है। पितरों और ब्रह्माजी के बीच के दो पदों में विष्णु-इंदु स्थित हैं और नीचे के दो पदों में इंद्र जय विद्यमान हैं, इनकी पूजा करें। वरुण तथा ब्रह्मा के मध्यवर्ती छः पदों में मित्र-देवता का यजन करें। रोग तथा ब्रह्मा के बीचवाले दो पदों में रुद्र-रुद्रदास की पूजा करें और नीचे के दो पदों में यक्ष्म की। फिर उत्तर के छः पदों में धराधर (पृथ्वीघर) का यजन करें। फिर मंडल के बाहर ईशानादि कोणों के क्रम से चरकी, विदारी-विकट, पूतना, जंभ, पापा (पापराक्षसी) तथा पिलिपिच्छ (या पिलिपित्स) इन बालग्रहों की पूजा करें। इस प्रकार के यह नये भवनों-उद्योगों-मंदिरों की प्रतिष्ठा के समय स्थापित वास्तु-मंडल का पूर्ण परिचय है जो कि कर्मकांड (पूजा-पाठ) का विषय है।

चित्रात्मक वास्तुज्ञान

भूखंड की आकृति

	चतुष्कोण Square	चमचौरस	शुभ धनदायक एवं पुष्टिवर्धक
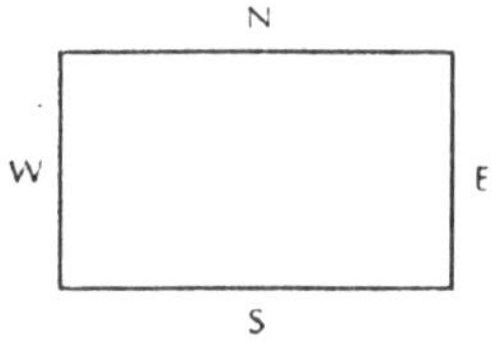	चतुष्कोण. Rectangular	चमसाकार चौड़ा (समकोण)	धनदायक एवं पुष्टि वर्धक
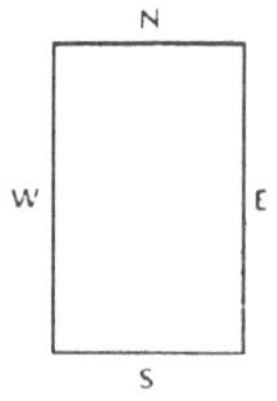	चतुष्कोण Rectangular	चमसाकार लंबा (समकोण)	धनदायक पुष्टि वर्धक एवं शुभ
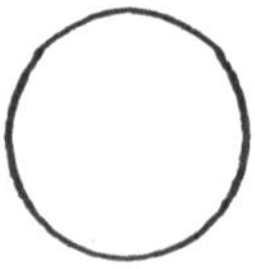	Circular वर्तुल	वर्तुल	शुभ

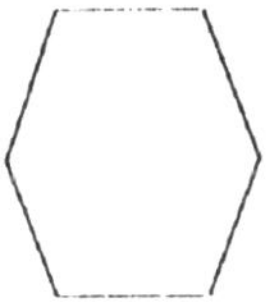	Hexagonal षट्कोण	षट्कोण	अरिष्टनाशक एवं शुभ
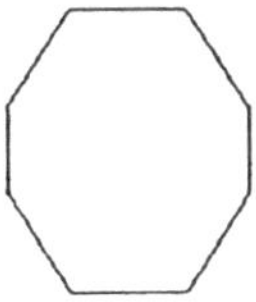	Wheel shaped	अष्टकोणात्मक वर्तुल	मुसीबतदायक
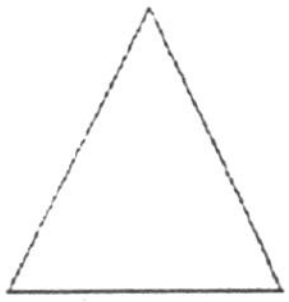	Triangular	त्रिकोणात्मक	गृहस्वामी की तीनतेरह करने वाला अशुभ
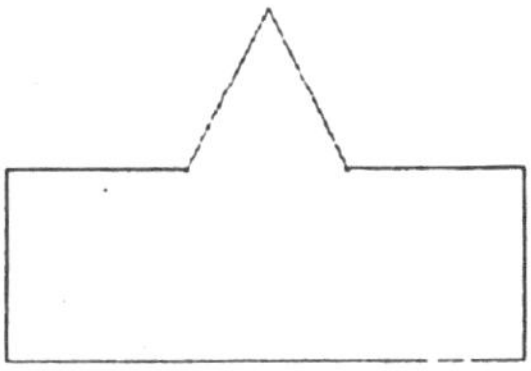	Cart shape	रथ के आकार में	गृहस्वामी को आगे-पीछे दौड़ाने वाला अशुभ भूखंड
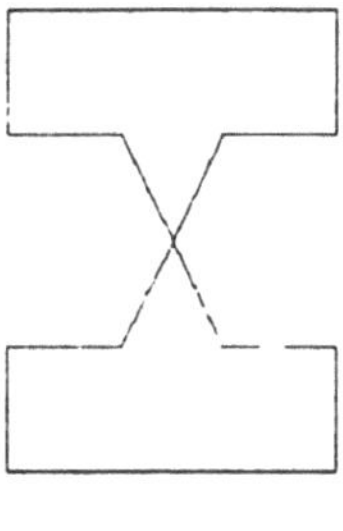	Double & reversed cart shape	दो जुड़े हुए रथों की आकृति में	गृहस्वामी को आगे-पीछे दौड़ाने वाला एवं एक जगह स्थाई सुख न देने वाला अशुभ भूखंड

	Trapezium छाजमुखी	छाजमुखी	घर की सुख-संपत्ति को नष्ट करने वाला अशुभ भूखंड
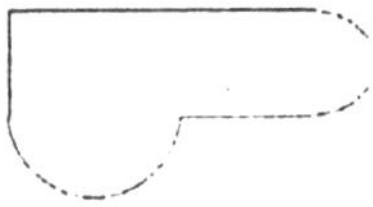	Hand fan shape पंखी	पंखीनुमा	गृहस्वामी को गरीब बनाने वाला भूखंड
	Bow धनुषाकृति	धनुषाकृति	गृहस्वामी के शत्रु बढ़ानेवाला भूखंड
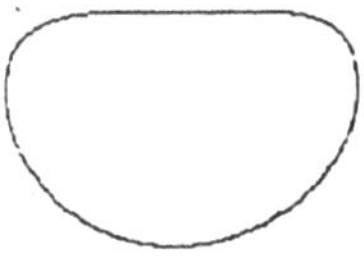	Semi Circle अर्ध वर्तुल	अर्ध वर्तुल	गृहस्वामी को आधी-अधूरी हालत में रखने वाला अशुभ भूखंड
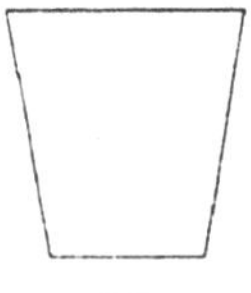	Tabla तबला or Mridanga shaped मृदंग	तबला	गृहस्वामी को तबले की तरह खाली रखने वाला भूखंड
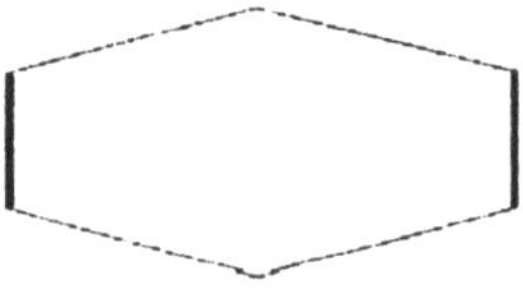		मृदंग	गृहस्वामी को मृदंग की तरह खाली रखने वाला भूखंड

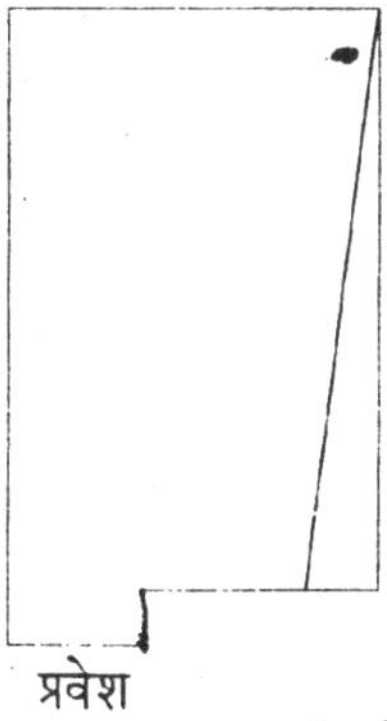

KAKMUKHI काक मुखी

काकमुखी मकान आगे से संकरा एवं पीछे से चौड़ा होता है। प्राय छाज मुखी का उल्टा होता है इसमें रहने वाला प्राणी सुखी व संपन्न होता है।

भूखंड के न्यूनाधिक चतुष्कोणों का फल

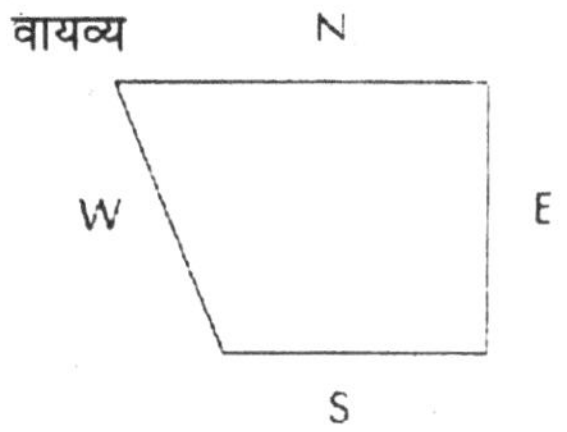

वायव्य कोण में बढ़ा हुआ भूखंड अशुभ होता है।

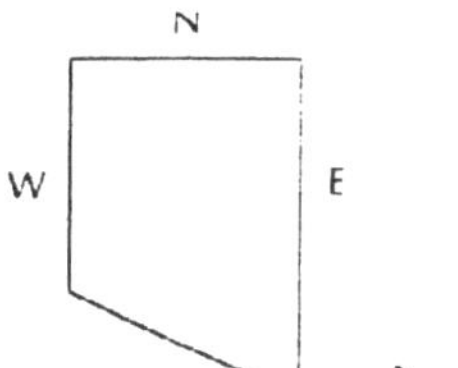

आग्नेय कोण में बढ़ा हुआ भूखंड अशुभ होता है।

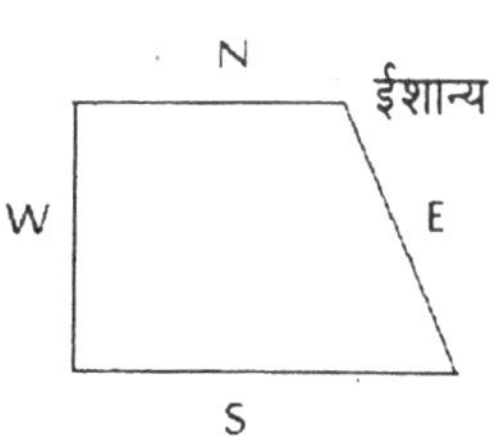

ईशान्य कोण में घटा हुआ भूखंड अशुभ होता है।

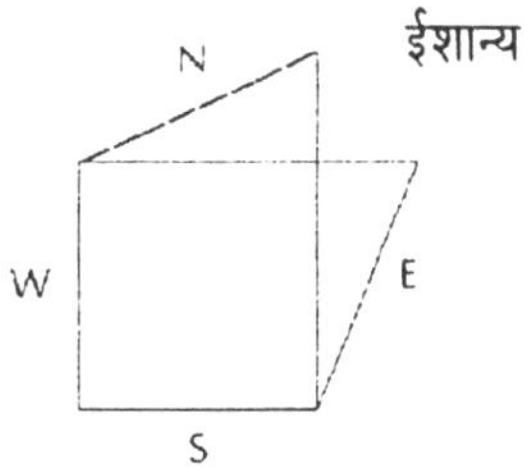

ईशान्य कोण में बढ़ा हुआ भूखंड शुभ है।

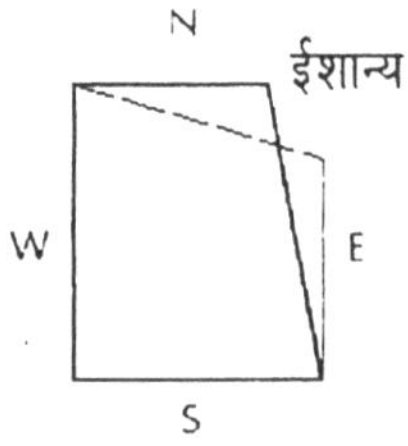

ईशान्य कोण में घटा हुआ भूखंड अशुभ है।

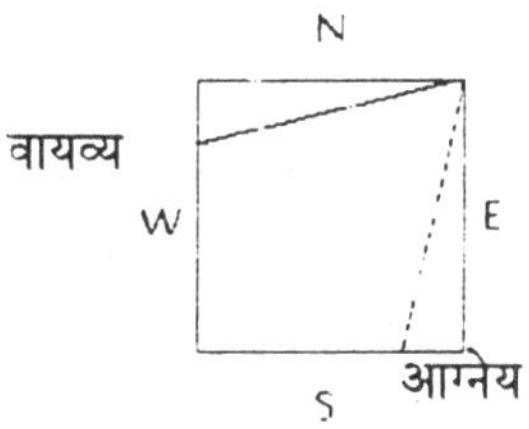

आग्नेय कोण में घटा हुआ भूखंड तथा वायव्य कोण में भी घटा हुआ भूखंड शुभ होता है।

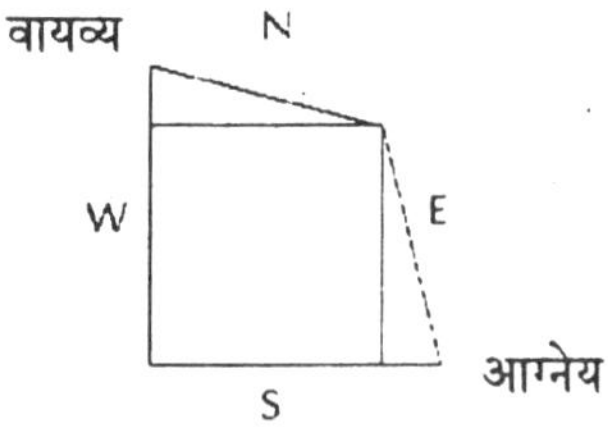

आग्नेय कोण में बढ़ा हुआ भूखंड तथा वायव्य कोण में बढ़ा हुआ भूखंड अशुभ होता है।

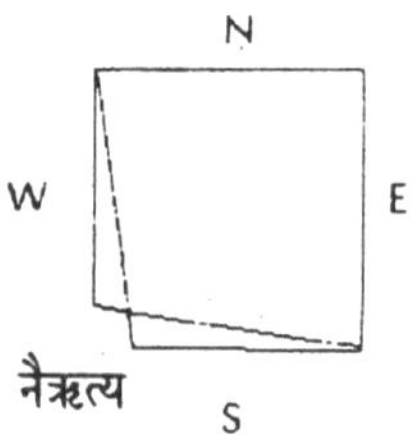

नैऋत्य कोण में घटा हुआ भूखंड अशुभ होता है।

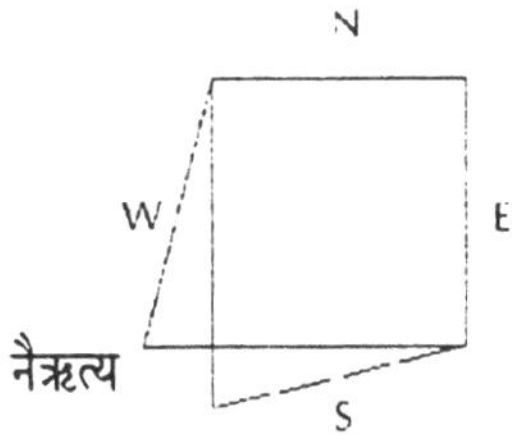

नैऋत्य कोण में बढ़ा हुआ भूखंड अशुभ होता है।

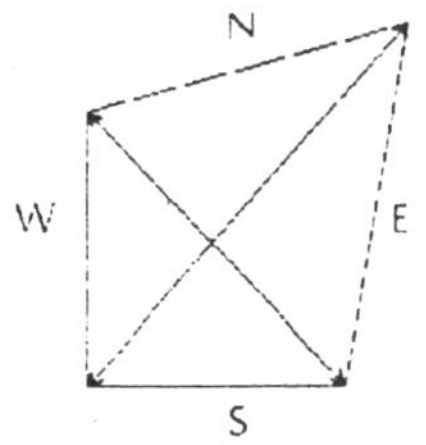

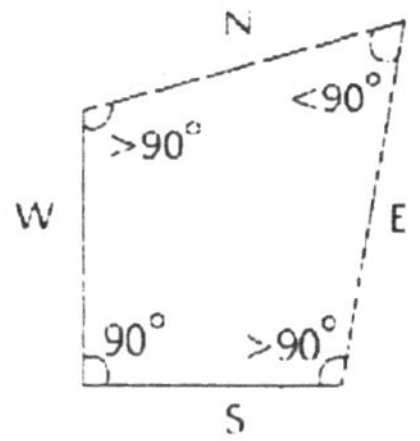

कर्णात्मक स्थिति वाले भूखंड जो 90° के कोण में आते हों वे टेढ़े होते हुए भी शुभ फलदायक होते हैं।

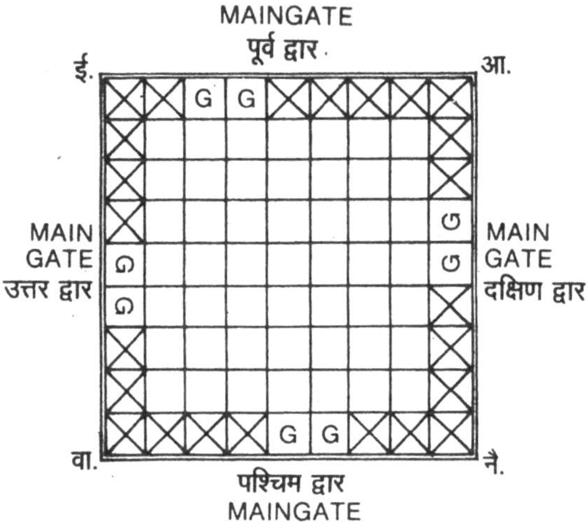

मुख्य द्वार या सहायक दरवाजे

1– सारे भूखंड को 9 बराबर हिस्से में विभाजित करके चिह्नित करें। चित्र के अनुसार 'G' के निशान पर द्वार-उपद्वार बना सकते हैं परंतु X के निशान पर भूलकर भी मुख्य द्वार या उपद्वार न बनावें।

2– यदि द्वार पूर्व की ओर बनाना हो तो ईशान्य कोण से दो हिस्से छोड़ कर अन्य दो हिस्सों से द्वार बनाना शुभ रहता है।

3– यदि द्वार पश्चिम की दीवार में बनाना अभीष्ट है तो नैऋत्य कोण के तीन भाग छोड़कर आगे के दो हिस्सों में द्वार बना सकते हैं।

4– यदि द्वार उत्तर की दिशा में बनाना है तो वायव्य कोण से तीन भाग छोड़कर दो भाग में बनावें तो शुभ रहेगा।

5– यदि द्वार दक्षिण में बनाना है तो आग्नेय कोण से तीन भाग छोड़कर आगे के दो भागों में द्वार बनाना श्रेयस्कर रहेगा।

भूखंड का चयन

1— भूखंड में उत्तर-दक्षिण चुंबकीय ध्रुव की स्थिति

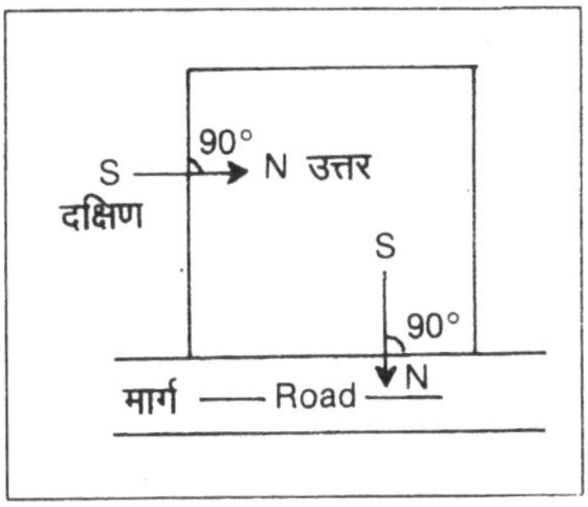

उत्तर —दक्षिण चुंबकीय ध्रुव की स्थिति भूखंड के सामने की दीवार या मार्ग के समानान्तर या लम्बवत् ही होनी चाहिए। जैसा चित्र में बताया गया है वैसी ही होनी चाहिए इधर-उधर नहीं।

फलश्रुति — ऐसे भूखंड में रहनेवाले को निद्रा ठीक आएगी।

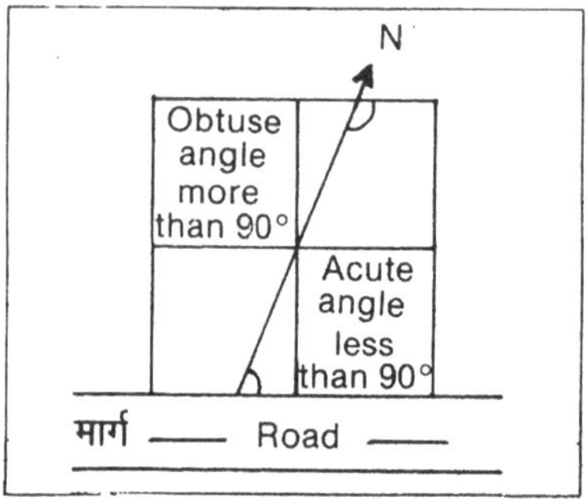

भूखंड का उत्तर-दक्षिण चुंबकीय ध्रुव 90° अंश से अधिक नहीं होना चाहिए तथा 90° अंश से कम भी नहीं होना चाहिए।

फलश्रुति — ऐसे भूखंड में सोने वाले को निद्रा ठीक प्रकार से नहीं आएगी। प्रात: उठने पर थकावट महसूस होगी।

2— भूखंड के पूर्व की ओर मार्ग

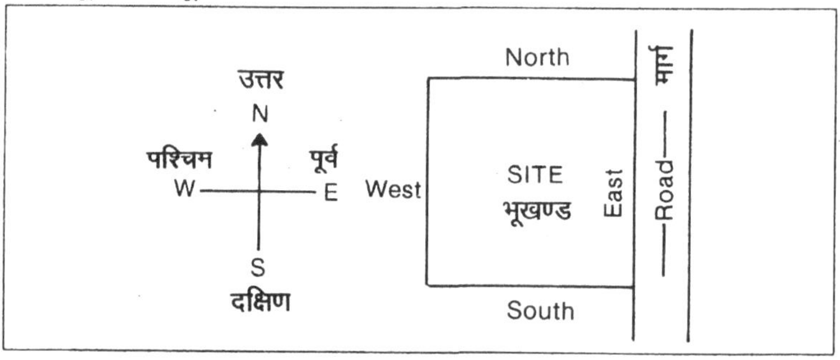

फलश्रुति — ऐसा भूखंड भूस्वामी के लिए शुभफलदाई होता है।

भूखंड के उत्तर की ओर मार्ग

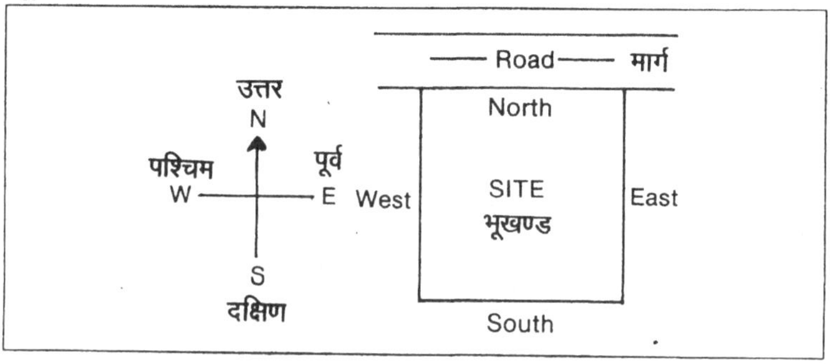

फलश्रुति — ऐसा भूखंड भूस्वामी के लिए शुभफलदाई होता है।

भूखंड के पश्चिम की ओर मार्ग

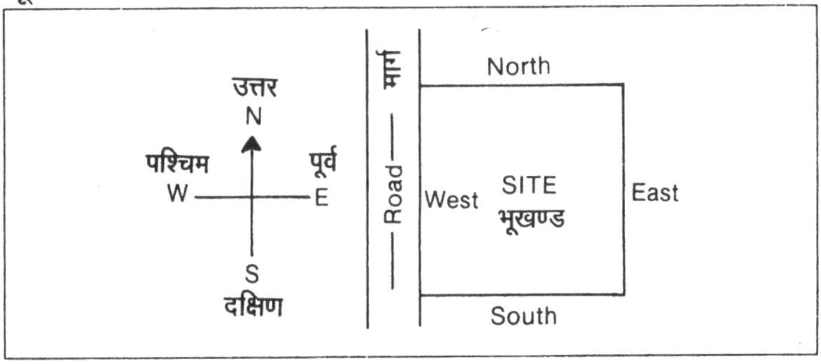

फलश्रुति – ऐसा भूखंड स्वामी के लिए शुभ फलदायी होता है।

भूखंड के दक्षिण की ओर मार्ग

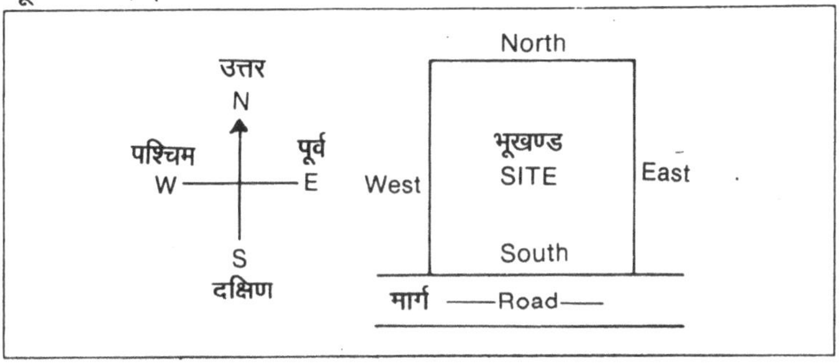

फलश्रुति – ऐसा भूखंड भूस्वामी के लिए मिश्रित फलदायक होता है न शुभ, न अशुभ, परंतु दक्षिण दिशा में द्वार अशुभ माना जाता है।

भूखंड के दोनों ओर मार्ग

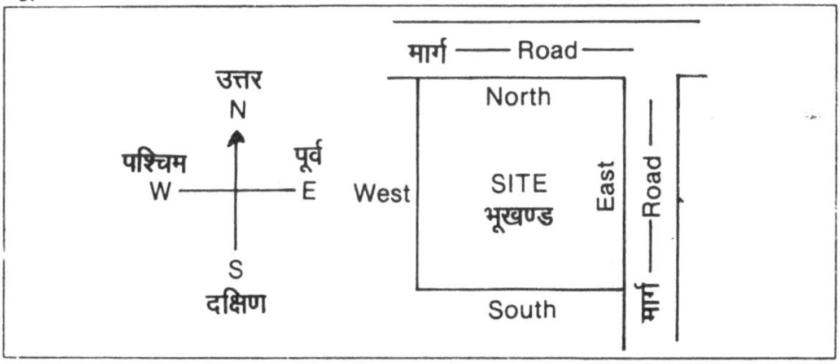

फलश्रुति – यदि भूखंड के दोनों ओर पूर्व और उत्तर की तरफ राजमार्ग हो

तो ऐसा भूखंड भूस्वामी के लिए धनदायक एवं अत्यंत श्रेष्ठ होता है।

भूखंड के दोनों ओर मार्ग

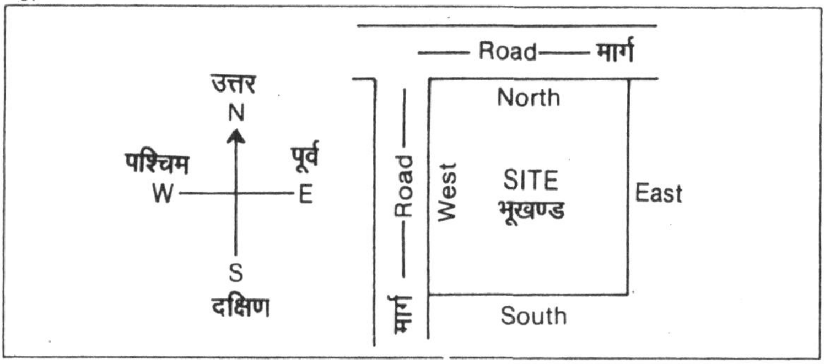

फलश्रुति — यदि भूखंड के दोनों ओर उत्तर व पश्चिम दिशा में राजमार्ग हो तो ऐसा भूखंड सामान्य फलदायक है।

भूखंड के दोनों ओर मार्ग

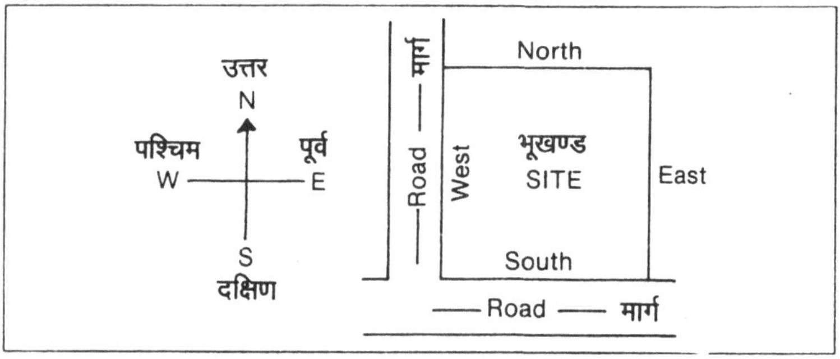

फलश्रुति — यदि भूखंड के पश्चिम व दक्षिण दिशा में राजमार्ग हो तो सामान्य फलदायक है।

भूखंड के दोनों ओर मार्ग

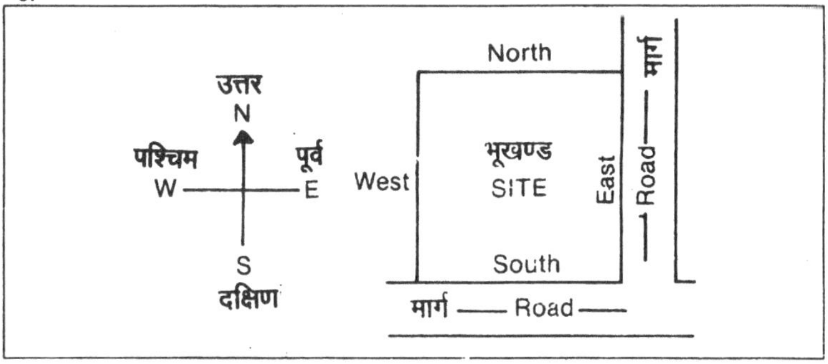

फलश्रुति — यदि भूखंड के दक्षिण एवं पूर्व दिशा की ओर राजमार्ग हो तो यह अनिष्ट फलदायक है। इसमें रहने वाला जातक दरिद्री हो जाता है।

भूखंड के दोनों ओर मार्ग

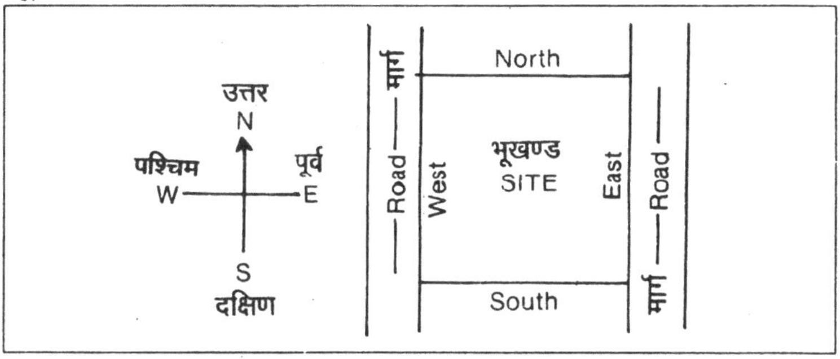

फलश्रुति — यदि भूखंड के पूर्व एवं पश्चिम दोनों दिशाओं में राजमार्ग हो तो भूस्वामी के लिए भूखंड मिश्रित फलदायक हो जाता है।

भूखंड के दोनों ओर मार्ग

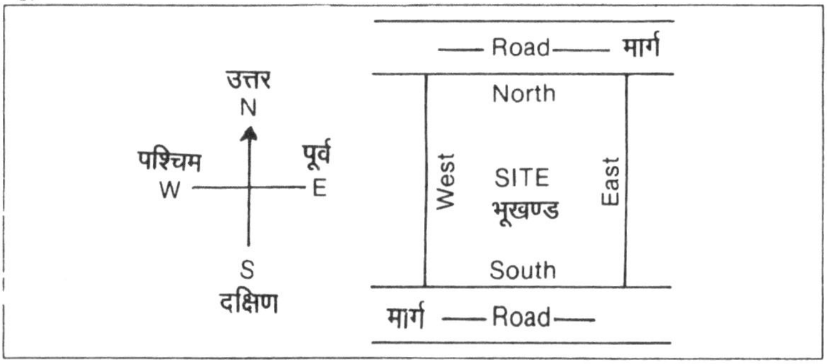

फलश्रुति – यदि भूखंड के उत्तर व दक्षिण दोनों दिशाओं की ओर राजमार्ग हो तो ऐसा भूखंड मिश्रित फलदायक हो जाता है। इसमें रहने वाला प्राणी ज्यादा तरक्की नहीं कर सकता।

भूखंड के तीनों ओर मार्ग

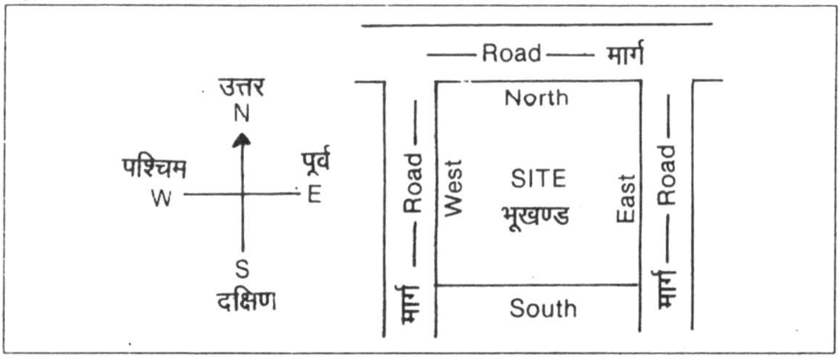

फलश्रुति – यदि भूखंड के तीनों ओर पूर्व, पश्चिम एवं उत्तर दिशाओं में मार्ग हो तथा दक्षिण दिशा बंद हो तो ऐसा भूखंड लाभदायक नहीं रहता, अनिष्ट फल देता है।

भूखंड के तीनों ओर मार्ग

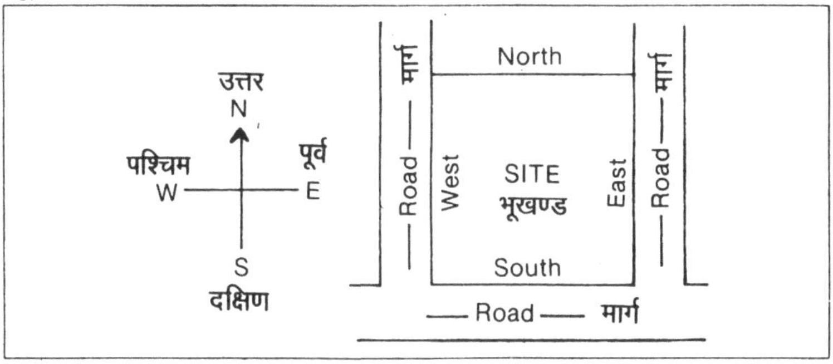

फलश्रुति — यदि भूखंड के तीनों ओर पूर्व, पश्चिम व दक्षिण दिशाओं में मार्ग हो तथा उत्तर दिशा बंद हो तो ऐसा भूखंड लाभदायक नहीं रहता, अनिष्ट फल देता है।

भूखंड के तीनों ओर मार्ग

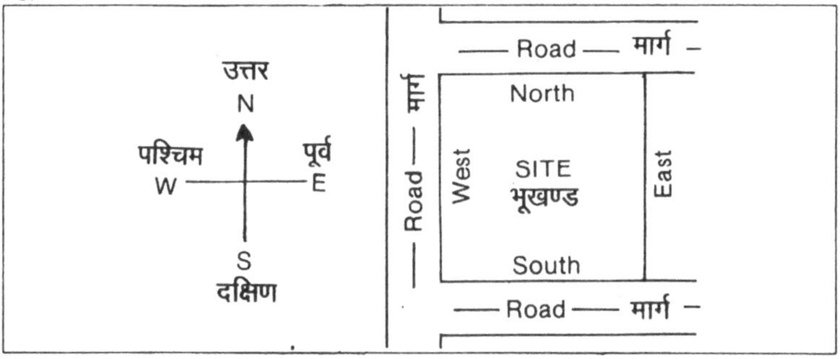

फलश्रुति — यदि भूखंड के तीनों ओर उत्तर, दक्षिण व पश्चिम दिशाओं में मार्ग हो तथा पूर्व बंद हो तो ऐसा भूखंड लाभदायक नहीं रहता।

भूखंड के तीनों ओर मार्ग

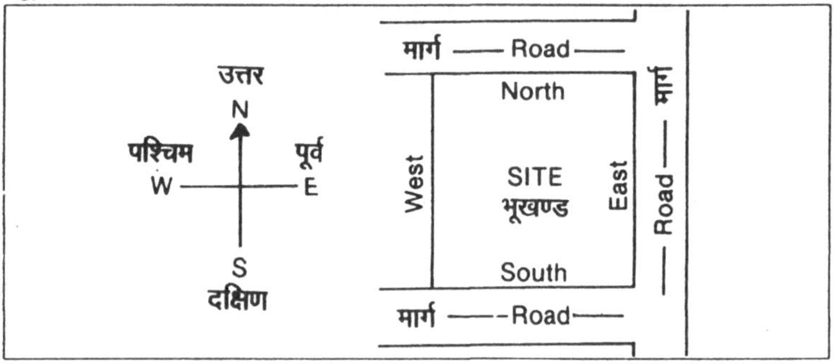

फलश्रुति — यदि भूखंड के तीनों ओर पूर्व, उत्तर व दक्षिण दिशाओं में मार्ग हो तथा पश्चिम दिशा बंद हो तो ऐसा भूखंड लाभदायक नहीं रहता।

भूखंड के चारों ओर मार्ग

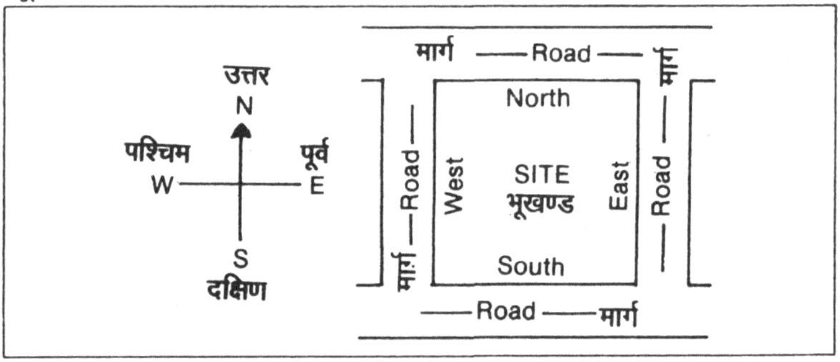

फलश्रुति — चित्र में प्रदर्शित नक्शे के अनुसार यदि भूखंड के चारों ओर मार्ग हो , सभी दिशाएं खुली हों तो ऐसा भूखंड, भूस्वामी को मालामाल कर देता है तथा खूब शुभफल देता है।

भूखंड के चारों ओर मार्ग

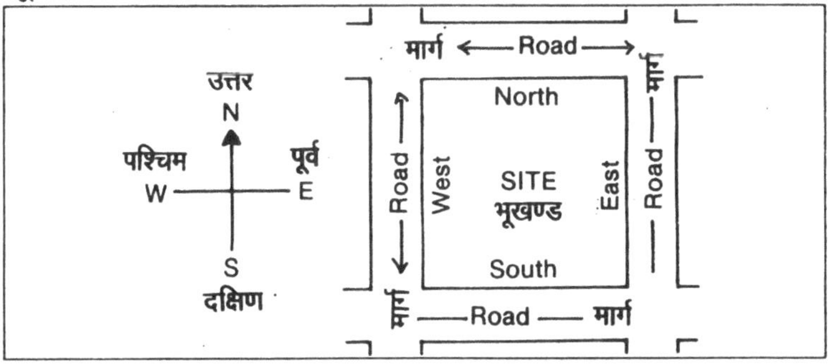

फलश्रुति — चित्र में प्रदर्शित नक्शे के अनुसार यदि भूखंड के चारों ओर मार्ग हो, सभी दिशाऐं चौराहे के रूप में खुली हों तो ऐसा भूखंड भूस्वामी को मालामाल व निहाल कर देता है। ऐसे भूखंड पर भवन निर्माण अत्यधिक शुभफल देने वाला होता है।

भूखंड चारों ओर संधिस्थल पर

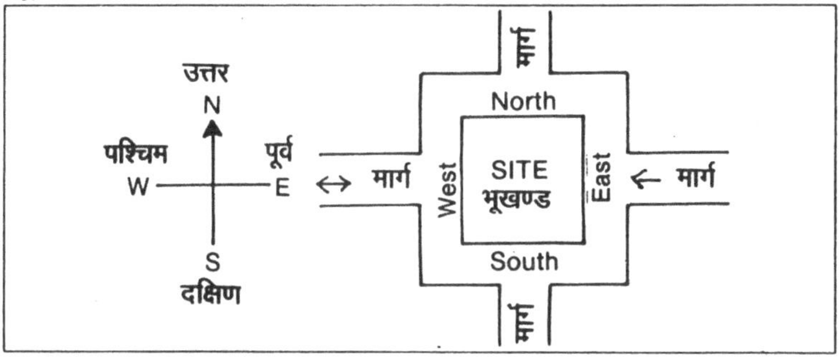

फलश्रुति — यदि कोई भूखंड चारों ओर के मार्ग का संगम (संधि) स्थल पर हो तो ऐसा भूखंड अत्यंत अशुभ होता है एवं भूस्वामी सुरक्षित नहीं रहता।

भूखंड तीन ओर संधि स्थल पर

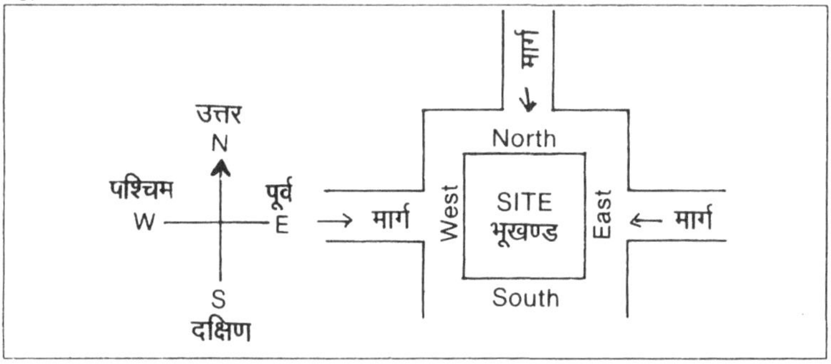

फलश्रुति — यदि कोई भूखंड तिराहे की तरह तीनों ओर के मार्ग का संगम (संधि) स्थल पर स्थित हो तथा दक्षिण दिशा बंद हो तो ऐसा भूखंड अत्यंत अशुभ होता है तथा भूस्वामी के लिए दुःखद होता है।

भूखंड दो ओर के संधि स्थल पर

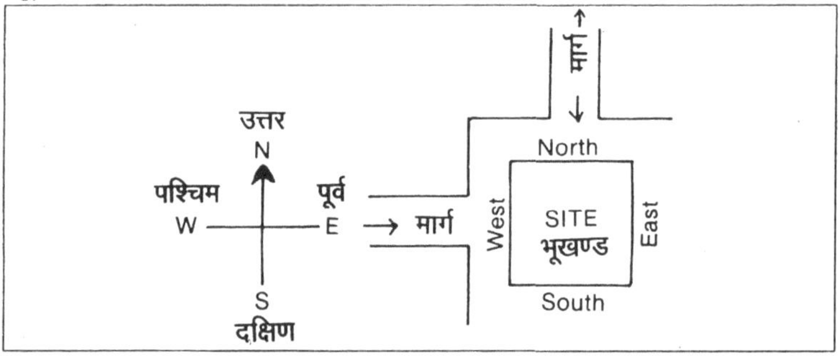

फलश्रुति — यदि कोई भूंखड दो मार्ग के संधि स्थल पर स्थित हो दक्षिण एवं पूर्व के मार्ग बंद हों तो ऐसा भूखंड अनिष्ट फलदायक होता है।

भूखंड के दो ओर के संधि स्थल पर

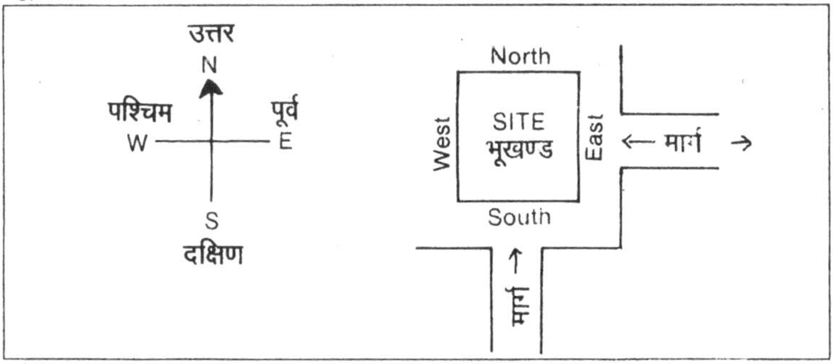

फलश्रुति — यदि कोई भूखंड दो मार्ग के संधि (संगम) स्थल पर स्थित हो तो उत्तर व पश्चिम के मार्ग बंद हों तो ऐसा भूखंड अनिष्ट फलदायक होता है।

भूखंड "टी" मार्ग पर

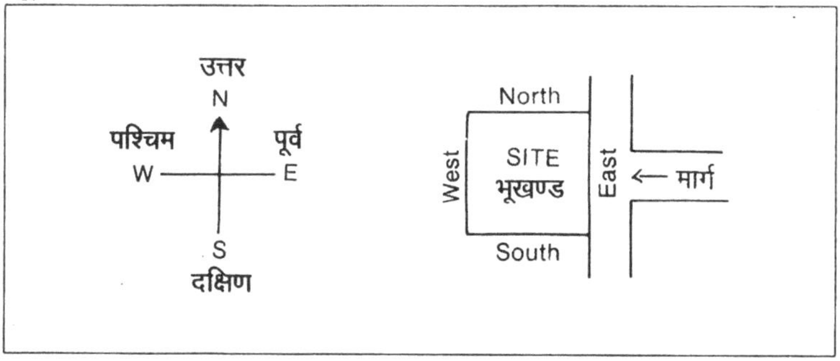

फलश्रुति — यदि कोई भूखंड पूर्व की ओर राजमार्ग लिए हुए हो परंतु यह मार्ग "टी" की आकृति में हो तो उसका फल अशुभ होता है।

भूखंड मार्ग की समाप्ति पर

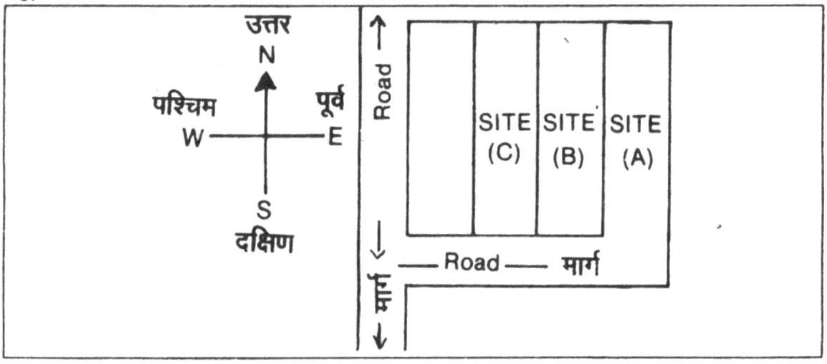

फलश्रुति— यदि कोई भूखंड चित्र में प्रदर्शित स्थिति की तरह दक्षिण की ओर द्वार वाला हो अर्थात् रोड दक्षिण की ओर हो तथा अन्य सभी दिशाएं बंद हों तो यह अशुभ होता है। परंतु चित्र में प्रदर्शित (ए) के आगे मार्ग बंद हो जाता हो तो (ए) भूखंड वाले स्वामी की मृत्यु होती है। ऐसा भूखंड अत्यधिक अनिष्ट फलदायक होता है।

1. यदि भूखंड के पूर्व और उत्तर दोनों ओर मार्ग हो तो मुख्य प्रवेश पूर्व के दीवार में होना चाहिए, चाहे भले ही छोटा मार्ग हो।
2. यदि भूखंड के उत्तर, पश्चिम दोनों ओर के मार्ग खुले हों तो मुख्य प्रवेश उनमें से जो छोटा मार्ग हो उस ओर से होना चाहिए।
3. स्मरण रहे भूखंड की गहराई कभी चौड़ाई से अधिक न हो यदि पश्चिम और दक्षिण दोनों ओर के मार्ग खुले हों प्रवेश पश्चिम से ही करें।
4. यदि पूर्व और दक्षिण दोनों ओर के मार्ग खुले हों तो प्रवेश पूर्व से ही करें।

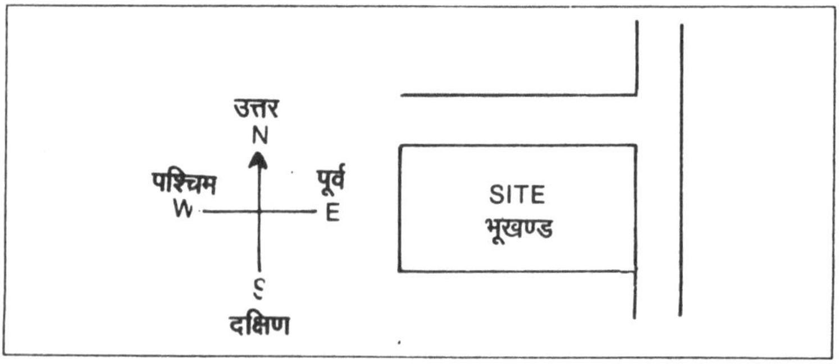

5. यदि पूर्व और पश्चिम दोनों ओर के मार्ग खुले हों तो प्रवेश द्वार हमेशा पूर्व में ही रखें।
6. यदि उत्तर और दक्षिण दोनों ओर के मार्ग खुले हों तो प्रवेश द्वार उत्तर दिशा की ओर ही रखें।

कुछ मंदिर के बारे में

- किसी भी भूखंड या भवन पर किसी मंदिर की छाया दिन को 9-00 से दोपहर के 3-00 के मध्य नहीं पड़नी चाहिए।
- किसी भी भवन के मुख्य द्वार के सामने सूर्य, ब्रह्मा, विष्णु या शिव के मंदिर नहीं होने चाहिएं।
- किसी भी जैन मंदिर की छाया घर के पिछवाड़े पर नहीं पडनी चाहिए।
- दुर्गा और चंडी के मंदिर भवन के पास नहीं होने चाहिए।

नदी-नाला

भूखंड या भवन के दक्षिण और पश्चिम दिशा के समानान्तर कोई भी नदी, नाला, नहर नहीं होने चाहिएं। पर यदि नदी, नाला उत्तर या पूर्व दिशा की ओर हो तो उत्तम है। खासकर जल प्रवाह पश्चिम से पूर्व या दक्षिण से उत्तर की ओर होना चाहिए।

श्मशान या मकबरा

भूखंड या भवन के पास कब्रिस्तान, मकबरा नहीं होना चाहिए। भवन के पीछे या सामने श्मशान वर्जित है।

कूप, टांका या हैंडपंप

कोई भी कुआं भूखंड के आग्नेय, नैऋत्य वायव्य कोण अथवा दक्षिण दिशा में नहीं होना चाहिए। कुआं या जलसंग्रह का स्थान भूखंड के पश्चिम, पूर्व, उत्तर एवं ईशान्य कोण में शुभ माने गए हैं।

वृक्ष

भवन के बाहर या अंदर पूर्व दिशा में बरगद, पश्चिम में पीपल, उत्तर में गूलर एवं दक्षिण में पकाड वृक्ष कभी भी न लगावें।

भूखंड का ढलान

1. भूखंड का दक्षिण भाग उत्तर से ऊपर उठा हुआ होना चाहिए।
2. भूखंड का पश्चिमी भाग पूर्वी भाग से कुछ ऊपर उठा हुआ होना चाहिए।

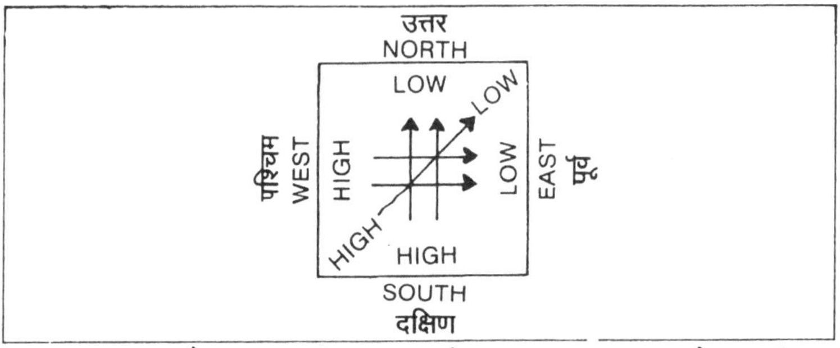

3. भूखंड का नैऋत्य भाग ईशान्य भाग से कुछ ऊपर उठा हुआ होना चाहिए।
4. भूखंड का मध्य भाग निम्न या गहरा नहीं होना चाहिए।

भूखंड का माप

1—भूखंड का मध्य मार्ग (लंबाई) चौड़ाई से कुछ अधिक होना चाहिए। जैसा कि प्रस्तुत भूखंड चौड़ाई से कुछ अधिक है।

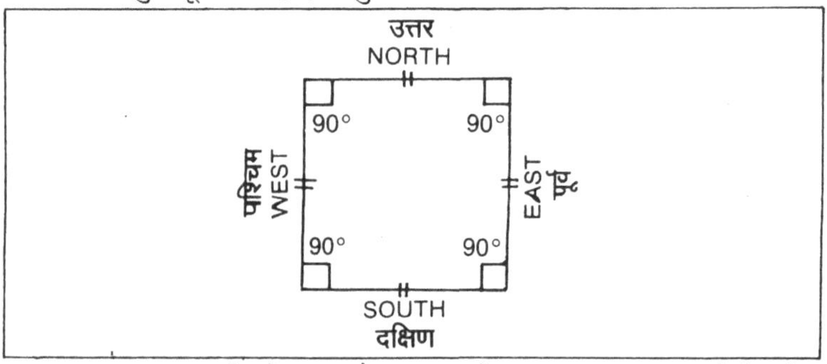

2—भूखंड चारों ओर चमचौरस (चतुष्कोणात्मक) एवं 90° अंशों के कोण में हो तो सबसे उत्तम व श्रेष्ठ फलदाई रहता है।

3—भूखंड समकोणात्मक हो तथा इसकी लंबाई चौड़ाई से डेढ़ी या दुगनी तक हो तब तक अति उत्तम पर इससे अधिक लंबाई ज्यादा अच्छी नहीं होती ।

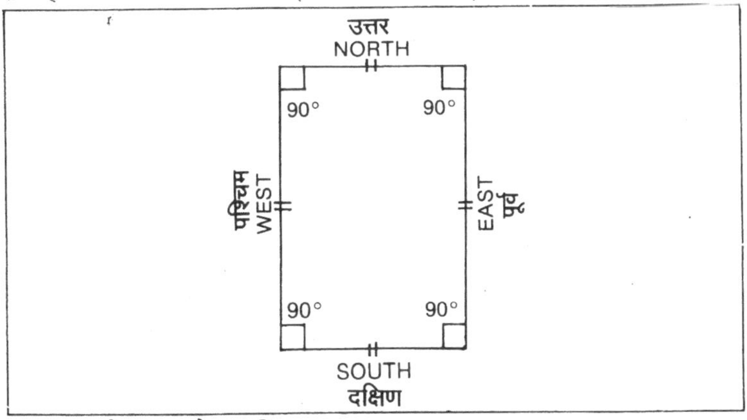

अर्थात् सबसे बढ़िया प्लाट 60 × 120'', 45 × 90, 30 × 60, 20 × 45, 20 × 40 होते हैं । 30 × 90'' या20 × 60 वाले प्लाट मध्यम श्रेणी के होते हैं । 15 × 60, 25 × 90 ऐसे भूखंड अत्यधिक निम्न श्रेणी के होते हैं ।

द्वार बनाने के नियम

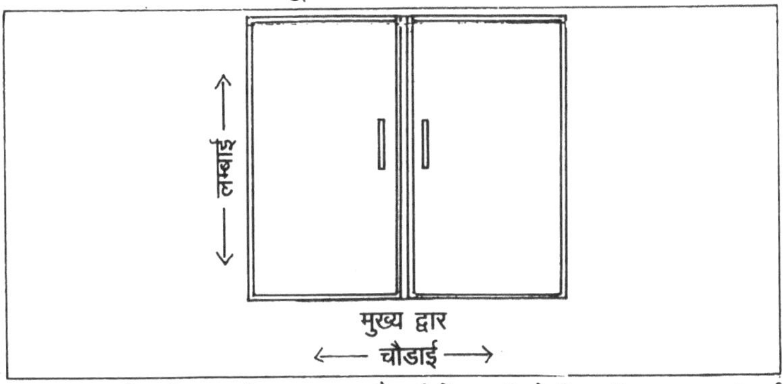

1. दरवाजे की ऊंचाई सामान्यत: चौड़ाई से दुगनी होनी चाहिए । यह ऊंचाई न तो अधिक लंबी होनी चाहिए, न ही अधिक छोटी, अधिक चौड़ी या अधिक संकरी भी नहीं होनी चाहिए ।
2. मुख्य द्वार हमेशा लंबतर ही होना चाहिए ।
3. मुख्य द्वार हमेशा दो फाटकों में सबसे मजबूत एवं अन्य दरों से आकर्षक होना चाहिए ।

द्वार वेध

4. मुख्य द्वार के ठीक सामने कोई पेड़-वृक्ष, दीवार कोना, खंभा, खाई, कुआं, कीचड़, मंदिर की छाया, हैंडपंप, कोई कब्र, लंबोत्तर गली या किसी प्रकार की अड़चनें बाधा नहीं होनी चाहिए।
5. मुख्य द्वार के अलावा घर में जितने भी द्वार हों उनकी सम संख्या होनी चाहिए जिससे 2 का भाग लग सके। घर के दरवाजे कभी भी विषम संख्या में न हों तो यह भी ध्यान रखें कि कुल संख्या कभी भी शून्य पर समाप्त न हो जैसे 18, 20, 30 इत्यादि।
6. यही नियम, घर के अन्य खिड़कियों, गवाक्षों, रोशनदान एवं अलमारियों पर लागू होता है।
7. विषम संख्या के दरवाजे या खिड़कियां एक ही पंक्ति में कभी नहीं होने चाहिएँ ऐसे ही मुख्य दरवाजों में से अन्दर जाते वक्त अन्य दरवाजों की संख्या भी विषम संख्या में समाप्त नहीं होनी चाहिए।
8. दरवाजे, खिड़कियां या अलमारियों के ऊपर के हिस्से समान लेवल में होने चाहिएँ, ऊपर-नीचे नहीं।
9. दरवाजे कभी भी बाहर नहीं खुलने चाहिएं, हमेशा अंदर की ओर ही खुलें इसका ध्यान रहना चाहिए।
10. दरवाजे खोलते या बंद करते समय किसी प्रकार की अप्रिय आवाज नहीं होनी चाहिए।

घर में या घर के बाहर कुआं या पानी का टैंक बनाने का स्थान

1. घर या घर के बाहर कुआं हैंडपंप पानी का टांका हमेशा ईशान्य कोण में ही शुभ रहता है। इससे ग्रहस्वामी का परिवार पुष्ट होता है।
2. कुआं, हैंडपंप, पानी का टांका या जलसंग्रह घर के पश्चिम भाग में उत्तम रहता है। इससे घर में सुख-संपत्ति बढ़ती है।
3. कुआं, हैंडपंप, पानी का टांका या टंकी घर के ठीक पूर्व भाग में हो ऐश्वर्य की वृद्धि होती है।

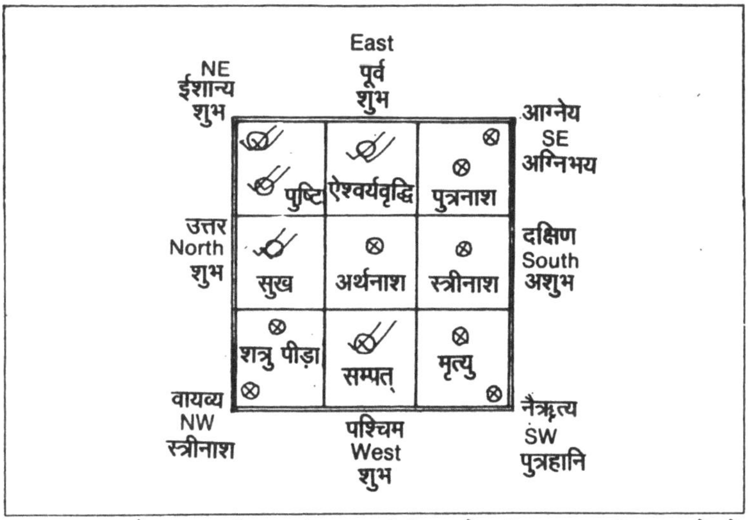

4. कुआं, हैंडपंप, पानी का टांका या टंकी घर के ठीक उत्तर की तरफ हो तो शुभ रहती है। इससे घर में सुख की वृद्धि होती है।
5. पानी का स्थान कुआं, हैंडपंप, टांका या टंकी नैऋत्य दिशा में हो तो गृहस्वामी एवं उसके परिजनों की मृत्यु होती है।
6. कुआं, हैंडपंप, पानी का टांका या टंकी यदि आग्नेय कोण में हो तो घर मे आग लगती है । यदि आग्नेय दिशा में हो तो गृहस्वामी के पुत्र की मृत्यु होती है।
7. कुआं, हैंडपंप, पानी का टांका या टंकी घर के दक्षिण दिशा में हो तो गृहस्वामी की स्त्री मरती है यदि बीचों बीच (मध्य) में हो तो भारी धन हानि होती है।
8. कुआं, हैंडपंप, पानी का टांका या टंकी घर में यदि वायव्य दिशा में हो तो गृहस्वामी को शत्रुपीड़ा रहती है परंतु यदि ठीक वायव्यकोण में हो तो गृहस्वामी की स्त्री मरती है।

घर में अग्नि, विद्युत कक्ष, भारी मोटर या मीटर बोर्ड लगाने का स्थान

1. अग्नि या विद्युत-शक्ति लगाने के लिए घर का अग्नि कोण हमेशा उत्तम रहता है।

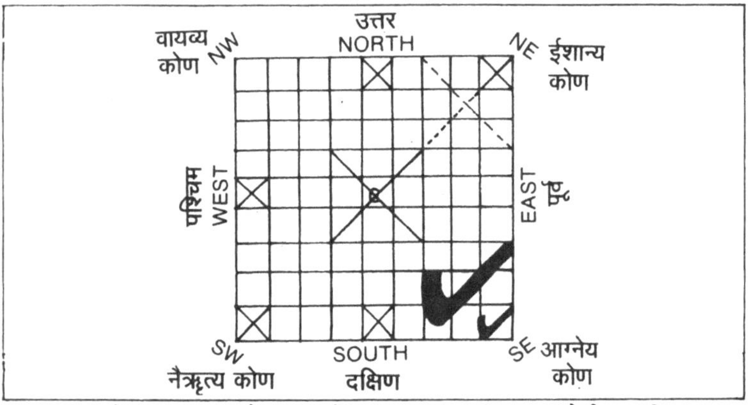

2. चित्र में बताए गए x के स्थान में भूलकर भी अग्नि या रसोई घर की स्थापना न करें।

निर्माण कार्य

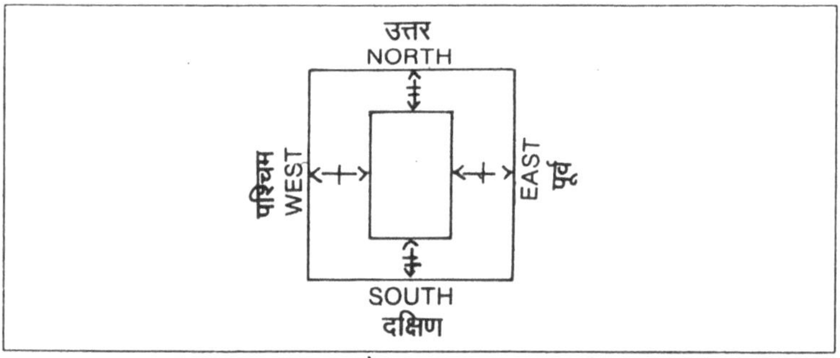

1. भूखंड पर निर्माण कार्य सुडौल एवं यथा प्रमाण होना चाहिए। यथा पूर्व एवं पश्चिम की दीवार में एक समान अंतराल होना चाहिए। इसी प्रकार उत्तर-दक्षिण को दीवारों में अंतराल की साम्यता होनी चाहिए।
2. इसी प्रकार मकान के बाहर छोड़ा गया भूभाग (सुरक्षा दीवार) या बगीचा पश्चिम एवं पूर्व का बराबर होना चाहिए।
3. दक्षिण और पश्चिम दिशा की ओर छोड़े गए भूभाग का ढलान उत्तर व पूर्व के ढलान से कुछ ऊंचा होना चाहिए।

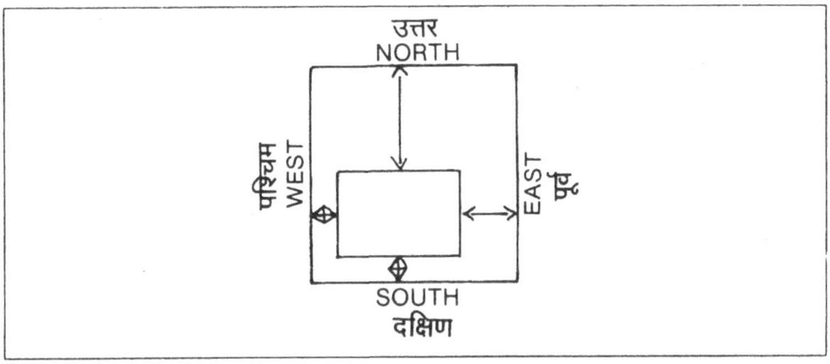

दक्षिण और पश्चिम की तरफ छोड़े गए खुले भाग का अनुपात उत्तर एवं पूर्व की ओर छोड़े गए भाग से कम होना चाहिए।

दक्षिण और पश्चिम का ढलान उत्तर एवं पूर्व से कुछ उठा हुआ होना चाहिए।

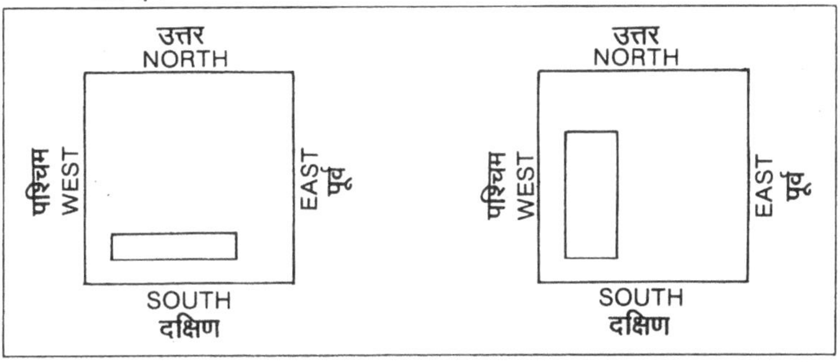

भूखंड का निर्माण कार्य अर्थात नींव का कार्य सबसे पहले दक्षिण या पश्चिम की दिशाओं से प्रारम्भ होना चाहिए।

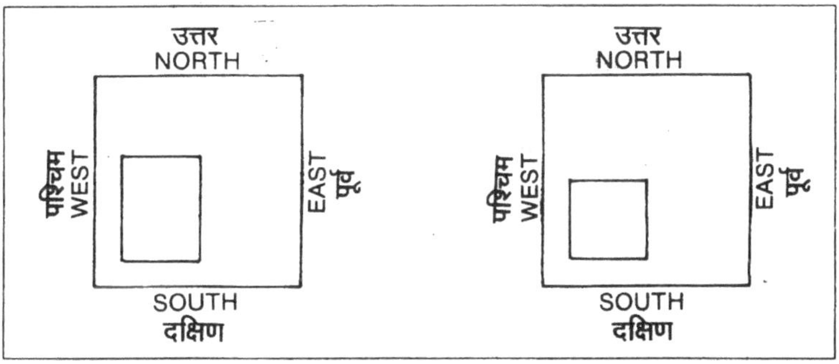

अतः सबसे पहले चित्र में बताए गए निर्देश एवं आवश्यकतानुसार दक्षिण-

पश्चिम का भाग बढ़ना चाहिए।

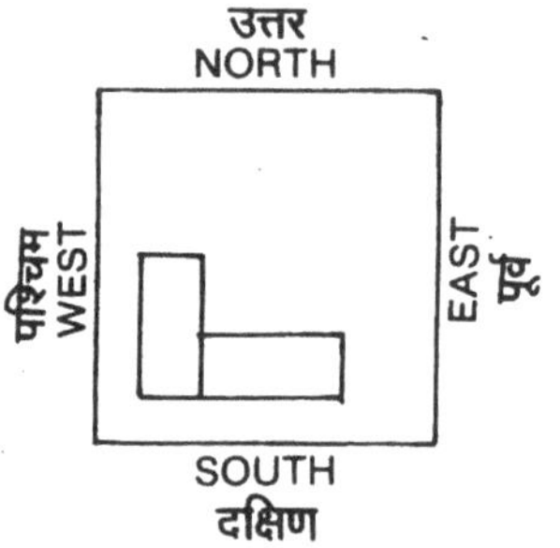

निर्माण के दूसरे चरण में दक्षिण की ओर बढ़ना चाहिए।

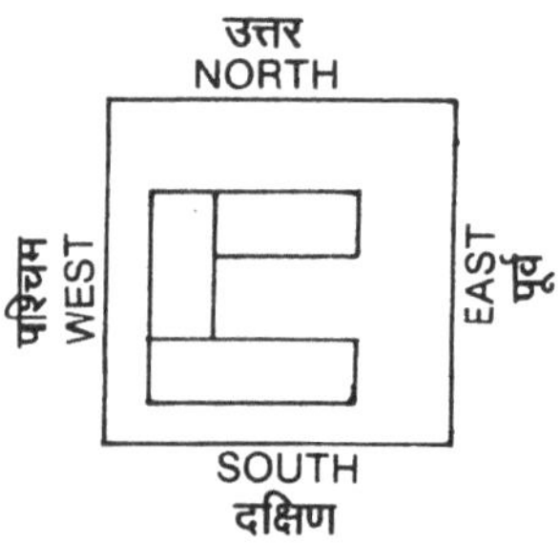

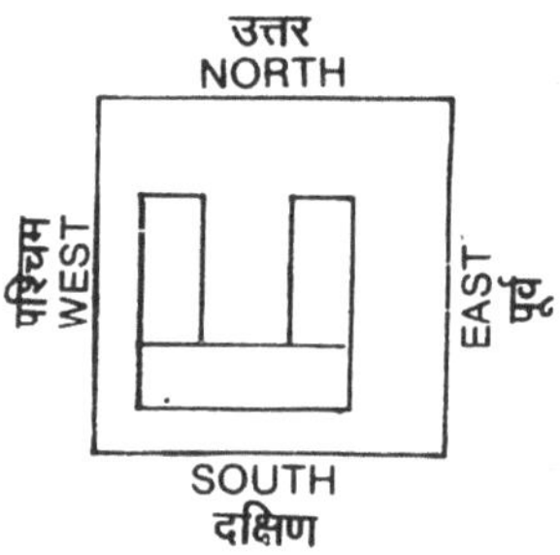

निर्माण के तीसरे चरण में उत्तर या पूर्व दिशा के कार्य को गति देनी चाहिए। चित्र में बताए गए नक्शे के अनुसार निर्माण कार्य "ए" से प्रारंभ करते हुए "बी" की ओर बढ़ना चाहिए। फिर "ए" से "सी" की ओर बढ़ें। उसके बाद "सी" से "डी" की ओर बढते हुए "डी " से "बी" की ओर बढ़ना चाहिए। इस प्रकार चतुष्कोणात्मक रूप से कार्य को गति देते हुए बीचों बीच का भाग हवा व प्रकाश के लिए खुला रखना चाहिए।

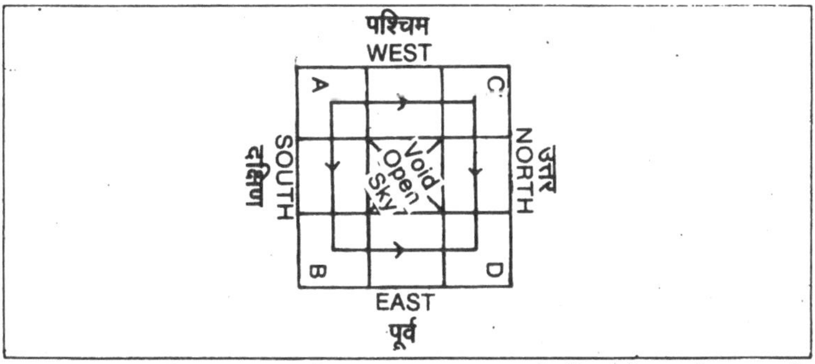

यदि किसी कारणवश बीच का भाग ढकना पड़े तो इस मंध्य के भाग को ढकने हेतु कोई बीच में कोई खंभा, बीम, गाटर नहीं आनी चाहिए।

सीढ़ियां

1. सीढ़ियां हमेशा पश्चिम या उत्तर के भाग की ओर ही होनी चाहिए।
2. चढ़ते समय सीढ़ियां हमेशा दाईं तरफ मुड़नी चाहिए।
3. सीढ़ियां हमेशा विषम संख्या में होनी चाहिए। अर्थात यदि तीन का भाग दें तो शेष 2 बचना चाहिए।

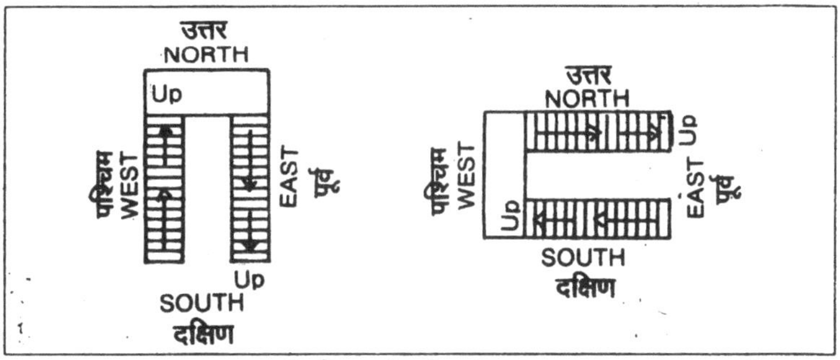

1. भवन का नक्शा, सभी कोण, ऊंचाई एवं भाग एक समान बनावट लिए हुए होने चाहिए।
2. भवन का नैऋत्य भाग बनावट में ऊंचा होना चाहिए। वायव्य एवं आग्नेय कोण कुछ मध्यम किंतु ईशान्य कोण है निर्माण में कुछ नीचा होना चाहिए। अथवा नैऋत्य भाग कुछ उठा हुआ एवं बाकी भाग मध्यम होने चाहिए।

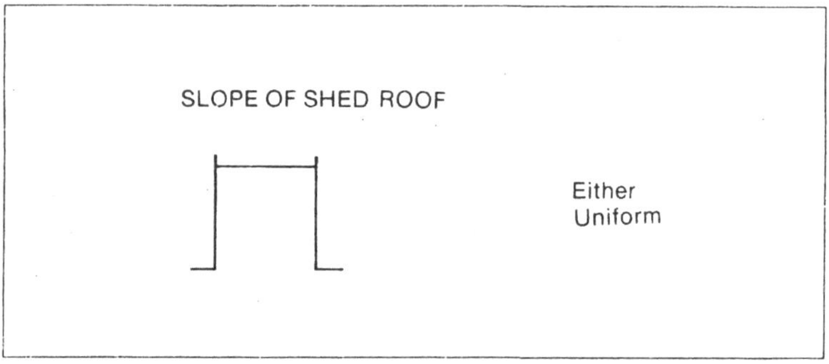

छत का ढलान एक समान होना चाहिए।
छत के दोनों भाग भुजाएं एक समान होनी चाहिए।
एक सूत का भी अंतर नहीं होना चाहिए।

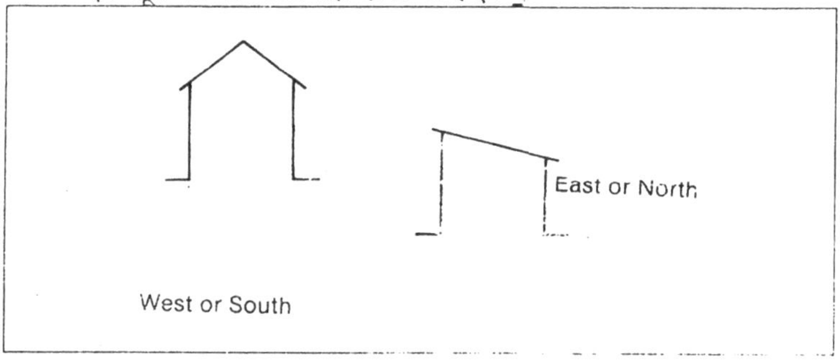

यदि कहीं ढलान या डिजाइन दी जानी है तो दक्षिण और पश्चिम की ओर उठान होना चाहिए तथा उत्तर एवं पूर्व की दीवार छोटी होनी चाहिए।

भोजनशाला, चूल्हा—

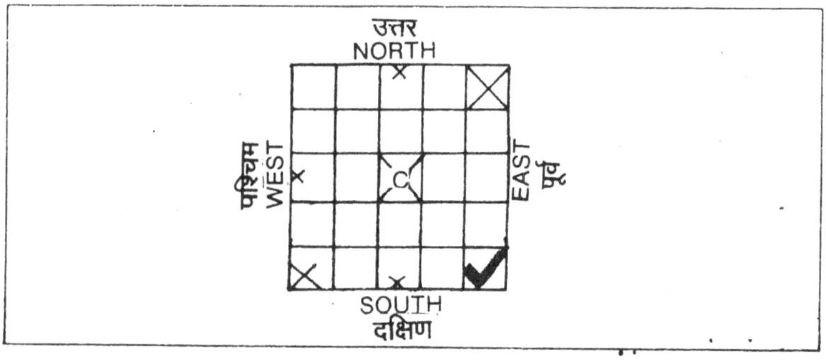

भोजनशाला चूल्हा, अग्निवास हमेशा आग्नेय कोण में होनी चाहिए तथा x लगे भाग में खासकर ईशान्य में कभी नहीं होनी चाहिए।

मल विसर्जन (डब्लू० सी) कार्य—

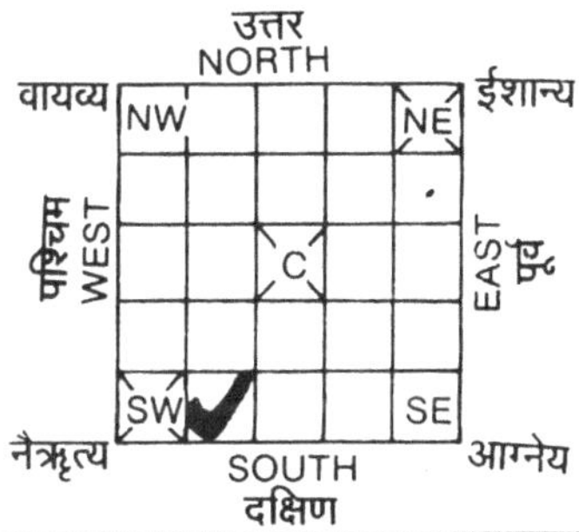

1. डब्लू सी, तारत, स्नानघर, हमेशा नैऋत्य कोण से थोड़ा हटकर चित्र के नक्शे के अनुसार ही करें।
2. भूलकर भी ईशान्य, घर के मध्य में, डब्लू० सी० का कार्य न करावें।

पूजन-स्थल

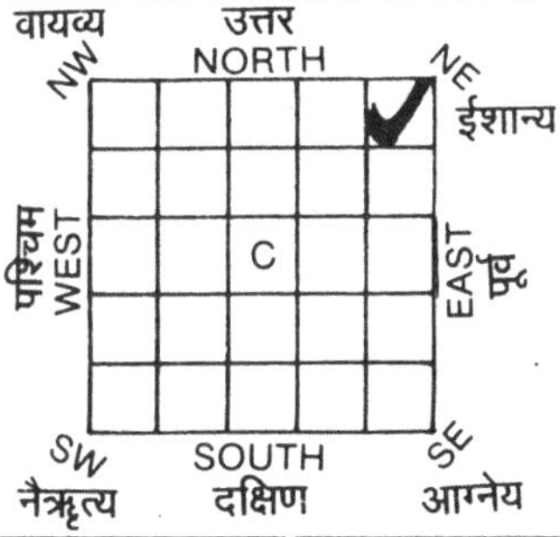

1. यह सबसे महत्त्वपूर्ण स्थान है। पूजा का स्थल भजन, कीर्तन अध्ययन अध्यापन हमेशा ईशान्य कोण में ही होना चाहिए। पूजा करते समय व्यक्ति का मुंह पूर्वाभिमुख होना चाहिए।
2. भगवान या मूर्ति का मुख पूर्व, पश्चिम या दक्षिण की तरफ होना चाहिए।

3. उत्तर दिशा में कुबेर का निवास रहता है अत: तिजोरी, गल्ला, केसबाक्स हमेशा उत्तर दिशा में स्थापित करें तो धन की बरकत रहती है । तिजोरी में "कुबेर यंत्र" भी रखें तो तिजोरी कभी खाली नहीं रहती ।
4. ब्रह्मा, विष्णु, शिव, इंद्र, सूर्य, कार्तिकेय एवं जिन मूर्तियों का मुंह पूर्व या पश्चिम दिशा की ओर ही होना चाहिए ।
5. गणेश, कुबेर, दुर्गा, भैरव, षोडश मातृका मुंह हमेशा दक्षिण दिशा की ओर ही होना चाहिए ।
6. हनुमानजी का मुंह नैऋत्य दिशा में होना चाहिए ।

गोदाम या माल रखने की जगह

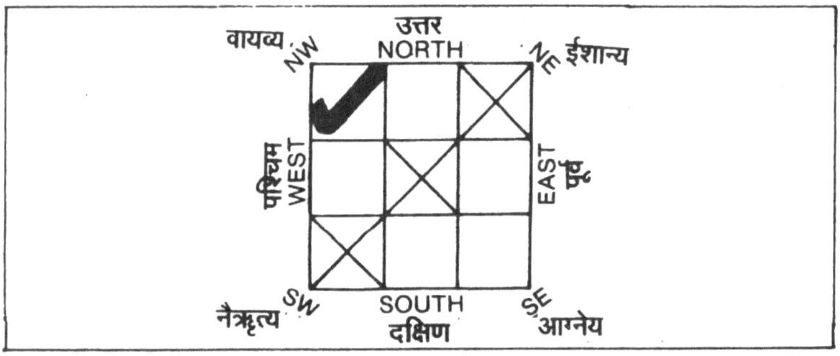

मकान में उपयोगी वस्तु का संग्रह, फैक्टरी, कारखाने में गोदाम हमेशा वायव्य कोण में होना चाहिए । नैऋत्य, ईशान्य या घर के मध्य भाग में गोदाम नहीं होना चाहिए ।

विद्युत यंत्र रखने की जगह

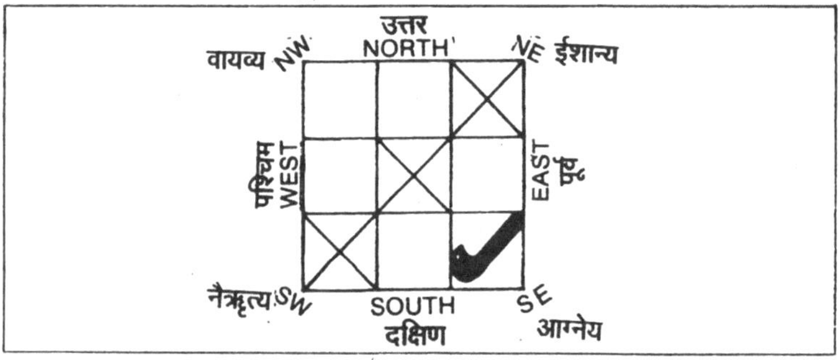

बाईलर, हीटर, ए०सी कंट्रोल, मीटर, ओवन, गैस का चूल्हा ड्रायर वगैरा सभी ज्वलन शील वस्तुएं अग्नि कोण में ही स्थापित होनी चाहिएं ।

फैक्टरी में प्लांट एवं मशीनें

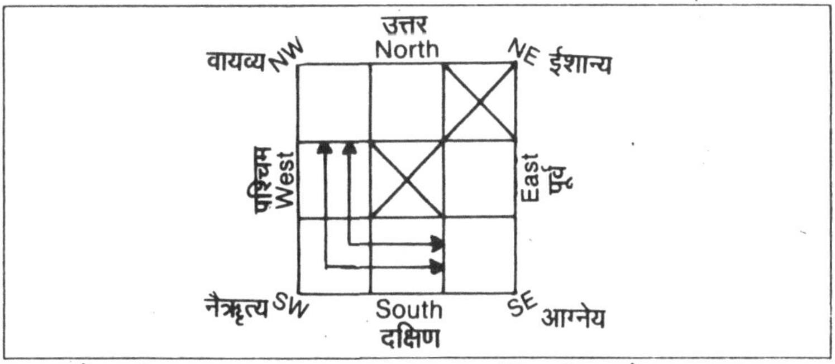

1. फैक्टरी का मुख्य प्लांट (उत्पादन) मशीनें हमेशा नैऋत्य, दक्षिण एवं पश्चिम क्षेत्र में आवश्यकता अनुसार बनानी चाहिए।
2. उपयोगी एवं सहायक मशीनें उत्तर या पूर्व दिशाओं में लगानी चाहिए।
3. मशीनें के ऑन-आफ स्विच वायव्य कोण में लगाने ठीक रहते हैं।
4. कोई भी बड़ी मशीन ईशान्य एवं मध्य भाग में नहीं होनी चाहिए।

फैक्टरी में कच्ची सामग्री

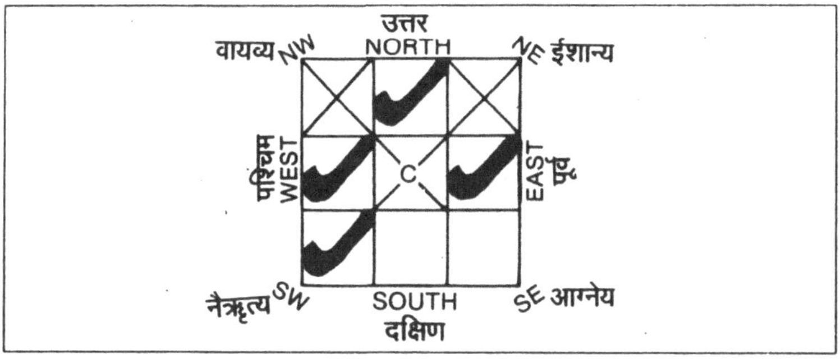

कोई भी फैक्टरी कारखाने में कच्ची सामग्री रखने हेतु ईशान्य, वायव्य एवं मध्य के भूभाग को काम न लेते हुए सही चिन्हित हुई जगहों को ही इस्तेमाल करें।

उत्पादन स्थल

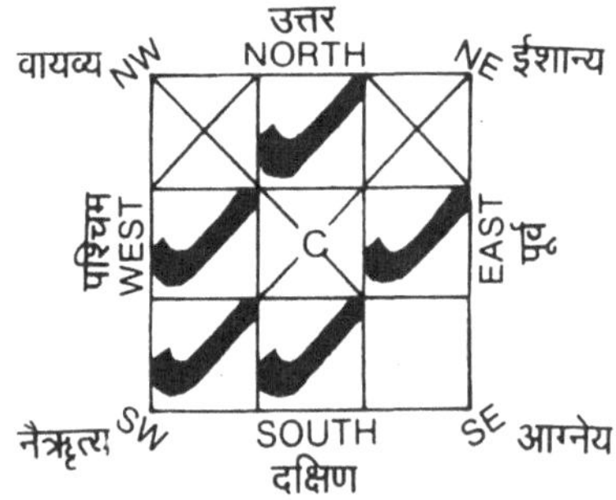

इसी भांति उत्पादन स्थलों को भी √ लगे चिन्हित क्षेत्र में ही लगावें तो उत्तम रहेगा।

आफिस एवं स्टाफ रूम हेतु विशेष

1. वरिष्ठ प्रबंधक, संचालक एवं निर्देशक का कमरा नैऋत्य, पश्चिम या दक्षिण दिशा में होना चाहिए।
2. मध्यम वर्गीय आफिसरों का कमरा उत्तर एवं पूर्व में होना चाहिए।
3. क्षेत्रों में काम करने वाले कारीगर, मजदूरों का कमरा वायव्य दिशा में होना चाहिए।
4. गणना कार्य, एकाउंट, कलाकार, नक्शे बनाने वाले, इंजीनियरों का स्टाफ रूम आग्नेय कोण में होना चाहिए।
5. स्वागत कक्ष, अतिथिशाला पूजन, पीने का पानी का स्थान हमेशा ईशान्य में होना चाहिए।
6. भंडार गृह आग्नेय दिशा में होना चाहिए।
7. डब्लू सी; मूत्रालय वगैरा कभी भी ईशान्य, नैऋत्य या मध्य भाग में नहीं होने चाहिए।
8. स्टाफ रूमों का रुख हमेशा उत्तर एवं पूर्व दिशा की ओर होना चाहिए।
9. रसोई घर हमेशा आग्नेय में ही होनी चाहिए।
11. कोई भी पलंग या शयन सामग्री किसी कोने की गहराई में नहीं होनी चाहिए।
12. सोते समय सिर हमेशा पूर्व या दक्षिण की ओर ही होना चाहिए।

13. शयन कक्ष के ऊपर कोई बीम, गाटर या क्रास पट्टी नहीं होनी चाहिए।
14. इसी प्रकार शयन कक्ष के पास कोई स्टोर रूम नहीं होना चाहिये।
15. जब भी लेटरिन (डब्लू सी) का इस्तेमाल करें व्यक्ति का मुंह हमेशा उत्तर या पश्चिम **में होना चा**हिए।
16. वरिष्ठ व **बूढ़े-बुजुर्ग** लोगों का शयन कक्ष दक्षिण या पश्चिम में होना चाहिए।
17. घर के युवा वर्ग नवदंपत्ति का शयन कक्ष उत्तर-पूर्व में होना चाहिए, पर ध्यान रहे ईशान्य, वायव्य एवं आग्नेय कोण में शयन नहीं करना चाहिए।
18. छोटे बच्चे का शयन कक्ष पूर्व में होना चाहिए।

सार संग्रह

एक चतुष्कोणात्मक समकोण भवन, बीचों बीच (मध्य) में खुला, चारों ओर दरवाजे हों, दरवाजों पर कोई वेध न हो तो सबसे श्रेष्ठ रहता है। ऐसे भवन में व्यक्ति राजा तुल्य ऐश्वर्य एवं वैभव को भोगता है।

ऐसा भवन यदि ईशान्य उत्तर या पूर्व में जलयुक्त हो, आग्नेयकोण में अग्नियुक्त हो तथा किसी भी प्रकार के वृक्ष, मंदिर की छाया भवन पर न पड़ती हो। भवन में चारों ओर से स्वच्छ हवा, प्राकृतिक रोशनी हो। भवन का निर्माण वास्तुनियमों के अनुसार ऐसा होना चाहिए कि यदि लाईट चली जाए तो भी घर में लोगों को पर्याप्त हवा, पानी और प्रकाश मिलना चाहिए। यानि बाहरी शक्तियों व आडंबरों पर कम-से-कम निर्भर रहना चाहिए। तो ऐसा भवन चारों ओर से प्रसन्नता, खुशहाली, शांति, संपन्नता, ऐश्वर्य एवं धन को बढ़ाता है।

वास्तुशास्त्र का महत्त्व

चुंबकीय प्रवाहों, दिशाओं, सूर्य की किरणों, वायु-प्रवाह और गुरुत्वाकर्षण के नियमों को ध्यान में रखकर वास्तुशास्त्र की रचना की गयी है। इनके नियमों का पालन करने से मनुष्य के जीवन में सुख-शांति आती है और धन में श्रीवृद्धि होती है।

हिंदू धर्म ग्रंथों में वास्तुशास्त्र के बारे में विस्तार से लिखा गया है। धर्म ने इन वैज्ञानिक तथ्यों को नियमों में ढाल दिया है। दरअसल वास्तुशास्त्र का मतलब प्रकृति के नियमों और सिद्धांतों के अधीन रहकर मकान, मंदिर, शहर, किला, फैक्टरी आदि का निर्माण करना है। अगर प्रकृति के नियमों का पालन नहीं किया जाता तो मनुष्य द्वारा किए गए इन निर्माणों में कष्ट या हानि उठानी पड़ सकती है। धर्म शास्त्र ने प्रकृति के सिद्धांतों को आसान भाषा में समझाया और कहा कि पंचमहाभूत की पूजा करो।

वास्तुशास्त्र के इन नियमों को भारतीय स्थापत्य कला में बड़ा महत्त्व दिया गया। छठी सदी के दौरान बने मंदिरों की रचना भी उन्हीं नियमों पर आधारित है, जिन नियमों पर पंद्रहवीं सदी के मंदिर बने हैं।

विश्व भर में भारतीय वास्तुशास्त्र का महत्त्व स्वीकार किया गया है और अब भारत में भी हर वर्ग के लोग इसके महत्त्व को समझने लगे हैं। वास्तुशास्त्र की जानकारियां अथर्ववेद, यजुर्वेद, भविष्य पुराण, मत्स्य पुराण, वायु पुराण, गर्ग संहिता, नारद संहिता आदि में भरी पड़ी हैं। उन्हीं के आधार पर पांच सौ साल

पहले उदयपुर के महाराजा कुंभकर्ण के समय मंडन सूत्रधार ने एक ग्रंथ की रचना की थी, जो वास्तुशास्त्र को समझने का कदाचित् सरल साधन है।

एकदम आसान शब्दों में समझाना चाहें तो कह सकते हैं कि आपके सोने की दिशा, घर में खाना बनाने की दिशा, स्नानघर यानि बाथरूम की दिशा, उठने बैठने के स्थान की दिशा तक का असर आपके विचारों पर, स्वास्थ्य पर, आपके फैसलों पर पड़ता है। इंसान के जीवन को दो चीजें प्रभावित करती ही हैं। भाग्य और वास्तु। इसमें 50 फीसदी भाग्य है और 50 फीसदी वास्तु। **आप अपने भाग्य को तो बदल नहीं सकते लेकिन वास्तु की मदद से अपने प्रयासों में अधिक से अधिक सफलता तो प्राप्त कर सकते हैं। अगर आपके सितारे बुलंद हैं और वास्तु गड़बड़ है तो प्रयास की तुलना में नतीजे आधे ही मिलेंगे। अगर वास्तुशास्त्र के हिसाब से घर, दुकान, दफ्तर, फैक्टरी आदि बना लिए जाए और ग्रह दशा ठीक न हो तो भी उतने कष्ट नहीं झेलने पड़ते हैं।**

वास्तव में ग्रह दशा तो व्यक्ति के जन्म लेते ही निर्धारित हो जाती है और ग्रह-दशा बदलने पर इंसान पर उसका असर भी बदलता रहता है। अगर वास्तुशास्त्र के सिद्धांतों से निर्माण कार्य कराया गया हो तो वह स्थिति जीवन पर स्थिर रह सकती है क्योंकि वास्तु का निर्धारण सूर्य से होता, जिसकी स्थिति तयशुदा है। दिशाए स्थिर हैं।

पुराने जमाने में लोग अपने घर बनाते समय आंगन, दीवानखाना, रसोई, शयन कक्ष, मंदिर आदि का निर्माण वास्तुशास्त्र के अनुसार किया करते थे। घर में वृक्ष कहां होंगे, तिजोरी कहां होगी, जल-संग्रह कहां होगा आदि के लिए स्थान शास्त्रों ने नियत किए हैं। "वास्तु" शब्द वैशाख से बना है। खास तौर पर अक्षय तृतीया को अनेक मकानों की वास्तु शांति तथा नए मकान का भूमि पूजन होता है। "राज वल्लभ" ग्रंथ में यह भी लिखा है कि किस महीने से गृहप्रवेश करना उचित होता है। शास्त्र के मुताबिक चैत्र में गृह प्रवेश करने से शोक होता है, वैशाख में करने से धन की प्राप्ति होती है, ज्येष्ठ में शोक, आषाढ़ में पशु-नाश, श्रावण में पशुधन वृद्धि, भाद्र में हानि, आश्विन में क्लेश, कार्तिक में सेवकों का नाश, मार्गशीर्ष और पौष में धान्य की प्राप्ति और माघ में अग्नि का भय और फाल्गुन में गृह प्रवेश करें तो लक्ष्मी की वृद्धि होती है।

एक सामान्य व्यक्ति को मकान खरीदते समय या बनवाते समय मकान का मुंह, आजू-बाजू के रास्ते, घर का दरवाजा आदि का ध्यान रखना चाहिए आम तौर पर उत्तर और पूर्व की तरफ जिस भूखंड के रास्ते जाते हों, तो वो श्रेष्ठ हैं। अगर प्लाट के रास्ते दक्षिण या दक्षिण-पूर्व के रास्ते हों तो उस जगह से दूर रहना

श्रेयस्कर है। मान्यता है कि पश्चिम, उत्तर-दक्षिण के कोने में जानेवाले प्लॉट पर बने घर सामान्य फल देते हैं। जिस भूखंड या मकान के चारों ओर रास्ते हों वह सर्वश्रेष्ठ है।

आपने अक्सर सुना होगा कि कई लोग सफलता के अनेक सोपान चढ़ जाने पर भी अपना घर नहीं बदलते। वे उस घर को 'भाग्यशाली' मानकर उसी में रहते हैं। कई मशहूर अभिनेता करोड़ों रुपये कमा लेने पर भी पुरानी 'चाल' में ही रहते हैं।

किसी घर का दक्षिणी हिस्सा सबसे सौभाग्यशाली स्थान होता है। उस स्थान पर वहां के रहवासी को अधिकतम समय बिताना चाहिये। शहरों के हिसाब से देखें तो किसी भी शहर में दक्षिणी भाग ही ज्यादा संपन्न इलाका होता हैं। चाहे बंबई हो या दिल्ली या कलकत्ता। लगभग सभी महानगरों के दक्षिणी इलाके संपन्नता के केंद्र होते हैं।

बंबई में तो यह संम्भव नहीं कि हर कोई अपने हिसाब से भूखंड खरीदकर मकान बनवा सके। लेकिन अगर कहीं भी भूखंड खरीदना हो तो वह चौरस होना चाहिए। आकार घटे, बढ़े तो भी उसके सभी कोण नब्बे डिग्री का होने ही चाहिए। प्लॉट पूर्वोत्तर में कटा नहीं होना चाहिए। प्लॉट दक्षिण-पश्चिम में ऊंचा और पूर्वोत्तर में नीचा होना चाहिए। ताकि बरसाती पानी की निकासी पूर्वोत्तर में हो सके। भूमिगत पानी की टंकी हो तो वह पूर्वोत्तर में और अगर ऊपरी टंकी हो तो वह उत्तर या पूर्व में होनी चाहिए।

पूजा करते वक्त हमेशा अपना मुंह पूर्व या उत्तर में रहना चाहिए। खाना बनाते समय मुंह पूर्व में होना चाहिए। हमेशा दक्षिण या पूर्व की ओर सिर करके सोना चाहिए। भोजन ग्रहण करते समय मुंह उत्तर में होना चाहिए। अध्ययन हमेशा पूर्व या उत्तर की ओर मुंह करके करना चाहिए तिजोरी का मुंह हमेशा पूर्व की तरफ होना चाहिए। शयन के लिए पलंग, भोजन का स्थान अथवा तिजोरी कभी भी कोने में नहीं रखनी चाहिए।

इसके अलावा कुछ और भी नियम शास्त्रों में बताए गए हैं। मसलन भवन के मुख्य द्वार के सामने कोई रुकावट नहीं होनी चाहिए। श्मशान या कब्रिस्तान के सामने या पास में घर नहीं होना चाहिए। किसी मंदिर के ठीक सामने घर लेने से बचना चाहिए। जिस घर में किसी को लाईलाज बीमारी हो, अशुभ की आशंका हो, वह त्याज्य है।

घर में चित्र स्थापना के शास्त्रीय नियम

सभी प्रकार की शालाओं में (प्याऊ), आश्रम (संत निवास), दुकान, अश्वशाला, देवालय आदि में द्वार के ऊपर स्थापित होनेवाले काष्ठ के उक्त (द्वार चक्र की) शुद्धि का विचार नहीं करना चाहिए ऐसा कुछ विद्वानों ने कहा है ।

रामायण और महाभारत के युद्ध के चित्र, तलवार से युद्ध (खड्ग युद्ध) का चित्र, इंद्रजाल से संबंधित चित्र, जंगलों से युक्त पर्वतों, असुरों, भयानक, दीनता प्रकट करने वाले, रूदत करते हुए तथा नग्न चित्रों को निज गृह एवं शयनकक्ष में चित्रित नहीं करना चाहिए । ये शुभ नहीं होते ।

वराह (सूअर), व्याघ्र, श्रृंगाल, सर्प, गृध, उल्लू, कबूतर, कौवा, शशक (खरगोश) , मृग, गोधा, बक (बगुला) आदि पशु पक्षियों का चित्रण गृह में शुभ नहीं होता ।

रामायण और महाभारत के चित्र गृह में शुभ नहीं होते परंतु ग्रहग्रास (ग्रहण) काल में इनका अवलोकन शुभ होता है । राजप्रासाद और मठों में ये चित्र धर्म की वृद्धि करने वाले होते हैं ।

शनि, रवि, वासरों में लघु संज्ञक (हस्त, अश्विनी, पुष्य), ध्रुव संज्ञक (तीनों उत्तरा, रोहिणी) ज्येष्ठा, रेवती, मृगशीर्ष, श्रवण, नक्षत्रों में, स्थिर लग्नों में ईंट की चुनाई और सुधा-लेप (सफेदी) करना शुभ होता है । उक्त कार्य हेतु गुरुवार भी प्रशस्त है ।

सौध (राजप्रासाद) में अथवा किसी अन्य स्थान में चित्र निर्माण हेतु मंगल,

शनि और रविवारों को छोड़कर शेष वार, रोहिणी, पूर्वाषाढा, हस्त, चर संज्ञक (स्वाति, पुनर्वसु, श्रवण, घनिष्ठा, शतभिषा), अश्विनी, पुष्य, मैत्र संज्ञक (मृगशिरा, रेवती, चित्रा, अनुराधा) नक्षत्रों में तथा पुरुष संज्ञक लग्नों में शुभ कहा गया है।

पूर्व दिशा में धनगृह (कोषागार), अग्नि कोण में पाकशाला (भोजनालय) दक्षिण दिशा में जल का स्थान, नैऋत्य कोण में अस्त्र-शस्त्र (शस्त्रागार), पश्चिम दिशा में भोजन का स्थान तथा वायुकोण में धान्यगृह अन्न का भंडार शुभ होता है।

उत्तर दिशा में शयन गृह, ईशान्य कोण में देवार्चन गृह (पूजागृह) शुभ होता है। ईशान कोण के पार्श्व में भी पूजन गृह मध्यम होता है। इससे भिन्न स्थानों में शयनस्थल और पूजागृह अशुभ होता है ऐसा प्राचीन आचार्यों ने अनुभव के आधार पर कहा है। जिसका हमें ध्यान रखना चाहिए।

वास्तु (गृह निर्माण) प्रकरण

गृह निर्माण विचार

गृह निर्माण के अनुकूल भूमि आदि का विचार विशेषतया पृथक् वास्तुशास्त्र का विषय है। यहाँ सर्वप्रथम किस जगह पर निवास करना चाहिए, एतदर्थ सुप्रसिद्ध काकिणी व वर्ग विचार बताया जा रहा है। इससे यह बात सरलता से ज्ञात हो जाती है कि अमुक स्थान में रहने पर हमारा लाभदायक योग बनेगा या नहीं ? जहां लाभ दिखे वहीं रहना चाहिए। दुनियादारी को समझने वाले लोग कहते हैं कि वहीं रहना चाहिए जहां व्यक्ति की रोजी-रोटी चले। अतः ग्राम या नगर का ऋणी-धनी विचार करना सर्व प्रथम इष्ट है।

काकिणी या ऋणी धनी विचार : — ज्योतिष शास्त्र के मेलापक प्रसंग में वर्ग के विषय में बताया गया है। उसी का यहां प्रयोजन है।

स्ववर्ग द्विगुणं कृत्वा परवर्गेण योजयेत्।
अष्टभिश्च हरेद्भागं योऽधिकः स ऋणी भवेत्॥

ज्योतिर्निबंध

अपने वर्ग की संख्या को दो से गुणा कर उसमें दूसरे के वर्ग की संख्या जोड़ें तथा 8 का भाग दें जिसका शेष अधिक हो वही कम शेष वाले का ऋणी होता है।

(1) अवर्ग गरुड़, (2) कवर्ग मार्जार, (3) चवर्ग सिंह, (4) टवर्ग श्वान, (5)तवर्ग सर्प, (6) पवर्ग मूषक, (7) यवर्ग मृग,(8) शादिवर्ग मेष । ये वर्गांक याद कर लें ।

☐ उदाहरण

शोभराज नाम व्यक्ति को दिल्ली में रहना चाहिए या नहीं, यह विचार करना है ।

एतदर्थ शोभराज का नामाक्षर शवर्ग में है जिसकी संख्या 8 है । दिल्ली तवर्ग में है, अत: उसकी संख्या 5 है ।

विचारणीय व्यक्ति शोभराज का वर्ग 8 × 2=16+ दिल्ली का वर्ग 5=21÷8=शेष 5 आया ।

अब दिल्ली वर्ग 5 × 2=10 । शोभराज का वर्गांक 8=18÷8 शेष आया । शोभराज का शेष अधिक हैं, वह दिल्ली का ऋणी है । अत: दिल्ली में रहने पर उसे विशेष लाभ नहीं होगा ।

यह विधि मालिक नौकर आदि के विचार में भी अपनाई जा सकती है ।

द्वितीय विधि से शुभाशुभ विचार

यह विधि पूर्वापेक्षया अधिक प्रामाणिक है । इसका आधार नक्षत्र है । वस्तु 'रत्नावली' में बताया गया है कि अपने जन्म नक्षत्र से यह विचार करना चाहिए ।

अभीष्ट नगर या गांव के नक्षत्र से गिनकर इस प्रकार नक्षत्र स्थापित करके देखें जहां अपना जन्म नक्षत्र पड़े । तद्नुसार शहर में निवास का शुभाशुभ जानें ।

पुरुषाकृति ग्राम वास चक्र

अंग	मस्तक	मुख	पेट	पैर	पीठ	नाभि	गुदा	दायां हाथ	बायां हाथ
नक्षत्र	5	3	5	6	1	4	1	1	1
फल	लाभ	धन हानि	धन धान्य वृद्धि	स्त्री हानि	हानि	सम्पत्ति	भय पीड़ा	युद्ध	विलाप

उदाहरणार्थ एक व्यक्ति का जन्म नक्षत्र आर्द्रा है । दिल्ली का नक्षत्र पू० भा० है । पूर्वा भाद्रपद से गिना तो आर्द्रा नौवां नक्षत्र है । जो पेट पर पड़ता है । अत: धनधान्य वृद्धि दिल्ली में रहने का फल है ।

अथवा ग्राम नक्षत्र से 7-7 नक्षत्र क्रमश: मस्तक, पीठ, हृदय व पैरों पर मान कर देखें। मस्तक में धन व मान, पृष्ठ में हानि व निर्धनता हृदय पर सुख संपत्ति व पैरों पर अस्थिरता रहती है। अपने नाम नक्षत्र से देखा जाएगा।

☐ उदाहरण

दिल्ली के नक्षत्र से विचारणीय व्यक्ति शोभराज का नाम नक्षत्र शतभिषा पूर्वाभाद्रपद से गिनने पर अंतिम सप्तक अर्थात् पैरों में पड़ता है जो कि मन की अस्थिरता का द्योतक है।

अथवा ग्रामराशि यदि अपनी नाम राशि से 2/5/9/10/11 में पड़े तो शुभ तथा शेष अशुभ है।

इनमें भी 1/4/6/7/8/12 राशियां विशेष हानिप्रद हैं। तीसरी मध्यम है।

बहुत बड़े शहरों में उपनगरों या मुख्य बस्तियों के आधार पर विचार करना अधिक उपयुक्त है।

भूखंड की माप से विभिन्न विचार

भूखंड पर निर्मित भाग या कुल भूखंड के मान से लम्बाई x चौड़ाई=गृहपिंड होता है। अर्थात् क्षेत्रफल या बना हुआ भाग गृहपिंड कहलाता है।

गृहपिंड को 8 से भाग देकर शेष से क्रमानुसार "आय" जानें। ध्वज, धूम, सिंह, श्वान (कुत्ता), वृषभ, गधा, गज व ध्वांक्ष (कौआ) ये 8 आय क्रमानुसार होते हैं। इनमें से विषम संख्यक आय शुभ होते हैं। कुछ लोगों का मत है कि ब्राह्मणादि वर्णों के अनुसार भी "आय" की व्यवस्था है।

इस विषय में प्राचीन काल में भूखंड को हाथ की नाप से नापने का विधान था। हमारे विचार से आज भी गृह स्वामी के हाथ की नाप से ही गृह की क्षेत्रमिति जानकर शेष क्रिया करनी चाहिए।

माना किसी भूखंड का क्षेत्रफल 650 वर्गफुट बनवाना अभीष्ट है। गृहस्वामी के हाथ (कुहनी से लेकर मध्यमा अंगुली के अग्रभाग तक) 20 इंच हैं। अत: 650×12=7800 इंच क्षेत्रफल ÷20=390 हाथ क्षेत्रफल या गृहपिंड है। 390 गृहपिंड ÷8=शेष 6 है। यहां छठा आय "खर" (गधा) है। यह शुभ नहीं है। तब क्या उपाए हो ? तब क्षेत्रफल में कुछ अंगुलों की भी न्यूनाधिकता करना श्रेष्ठ रहेगा। यदि 650 वर्गफुट के स्थान पर निर्माण में थोड़ा भेद करा लिया जाए तो अनुकूलता बन जाएगी।

गृह मेलापक विचार

जिस प्रकार वर कन्या का परस्पर मिलान होता है, उसी प्रकार गृह व गृहस्वामी का भी मेलापक (गुणमिलान) देखा जाता है ।

इसके लिए एक प्रकार यह बताया गया है कि गृहपिंड को क्रमशः 9/9/8/3/8/8/4/8 इन अंकों से क्रमशः गुणाकर क्रमानुसार 8/7/9/12/8/27/15/27/120 से भाग देना चाहिए । तो शेष क्रमशः मकान आय, वार अंश, द्रव्य (धन), ऋण, नक्षत्र, तिथि, योग व आयु होती है ।

गृहपति व गृह का नक्षत्र एक नहीं होना चाहिए । यह मृत्युप्रद है । गृह व गृहपति की एक नाड़ी होना शुभ है । यदि नाड़ी एक ही हो तो शेष बातें प्रायः नगण्य हो जाती हैं ।

☐ उदाहरणार्थ

गृह पिंड 390 हाथ को क्रमशः उक्त अंकों से गुणा करते हैं ।

(1) $\frac{390 \times 9}{8} =$ शेष 6 आए (2) $\frac{390 \times 9}{7} =$ शेष 3 वार

(3) $\frac{390 \times 6}{9} =$ शेष 0 या 9 अंश (4) $\frac{390 \times 8}{12} =$ शेष 0 द्रव्य ।

(5) $\frac{390 \times 3}{8} =$ शेष 2 ऋण (6) $\frac{390 \times 8}{27} =$ शेष 15 नक्षत्र

(7) $\frac{390 \times 8}{15} =$ शेष 0 तिथि (8) $\frac{390 \times 4}{27} =$ शेष 21 योग

(9) $\frac{390 \times 8}{120} =$ 0 वर्ष आयु ।

इस प्रकार छठा आय सम होने से अशुभ है । दूसरा शेष 3 वार मंगल अशुभ है । छठा शेष 15 अर्थात् अश्विनी से गिनने पर स्वाति नक्षत्र है । इससे तुला राशि है । तीसरा शेष 0 अर्थात् सूर्य से केतु पर्यंत अंशेश होने से केतु का अंश है । यह अशुभ है ।

चौथा शेष 0 द्रव्य धन तथा ऋण 2 है । जो कि अशुभ है । ऋण को धन से कम होना चाहिए ।

सातवां शेष 0 अर्थात् अंतिम तिथि अमावस्या सर्वथा अशुभ है । विष्कुंभ से 21वां योग सिद्ध शुभ है तथा आयु 0 वर्ष होने से गृह हीनायु है, अर्थात् 0 वर्ष

तक ही शुभ है ।

इस प्रकार गृह का यह मान सर्वथा त्याज्य है । तब क्षेत्र में इस प्रकार परिवर्तन किया जाए कि सब शुभ हो जाए । तब कुछ अंगुल या इंच अधिकाधिक आधा या एक । वर्गफुट भी कम या ज्यादा करना चाहिए ।

गृहराशि विचार

मेष में अश्विनी से 3 नक्षत्र , सिंह में मघा से 3 नक्षत्र व धनु में मूल से 3 नक्षत्र होते हैं । अन्य सब राशियां यथाक्रम 2-2 नक्षत्रों की होती हैं ।

अश्विन्यादि त्रयं मेषे, सिंहे प्रोक्तं मघा त्रयम् ।
मूलादित्रितयं चापे, शेषभेषु द्वयं द्वयम् ।।

—बृहद्वा...

शाला (वरांडा बॉलकनी) से शुभाशुभ:— बॉलकनी, प्रवेश लॉबी आंगन या अहाता किधर बनाएं यह भी ध्यान रखना चाहिए । इससे भी शुभाशुभ होता है । यदि उक्त चीजें न हों तो घर में जिधर बाहर खुलने वाले दरवाजे बनाए उससे भी विचार किया जा सकता है ।

पूर्व, दक्षिण, पश्चिम, उत्तर इस क्रम से 1.2.4.8 ये ध्रुवांक हैं । जिधर शाला हो उसके ध्रुवांकों में 1 जोड़कर जो संख्या बने, वही निम्नानुसारी घर का नाम या संज्ञा होती है । तद्नुसार फल शुभ से शुभ व अशुभ से अशुभ होगा:-

(1) ध्रुव (2) धान्य (3) जय (4) नंद (5) खर
(6) कांत (7) मनोरम (8) प्रमुख (9) दुर्मुख (10) क्रूर
(11) रिपुद (12) धनद (13) क्षय (14) आक्रंद (15) विपुल
(16) विजय

ध्यान रखिए, यदि चारों दिशाओं में द्वार व शालादि बनती हों तब यह पूर्वोक्त विचार नहीं करना है ।

उक्त उदाहरण वाले व्यक्ति शोभराज के फ्लैट में यथोचित परिवर्तन क्षेत्रफल में करवाकर दिया गया है । अब दरवाजा व बालकनी उत्तर व दक्षिण-पूर्व के कोने में बनवानी है ।

पूर्वांक 1 + दक्षिण दिशांक 8=9+1 अतिरिक्त तो 10वां घर “क्रूर” होगा । यह ठीक नहीं है । अत: हम शोभराज जी को सलाह देते हैं कि आप अपने घर में संभव हो तो बॉलकनी दक्षिण-पश्चिम में या पूर्व दिशा में अग्निकोण से हटाकर बनाएं तो शुभ होगा ।

यदि मकान बनवाते समय कुशल वास्तुविद् ज्योतिषी से भी सलाह ले ली जाए तो कोई हानि नहीं है। अत: मकान बनाने से पहले जो समय ज्योतिषी से सलाह करने में खर्च होगा, वह भरपूर लाभ ही आपको देगा।

इंद्र-यम-राजा का ज्ञान

यह बहुत आवश्यक विचार है। मकान में छत में कड़ियां पट्टियां लगाने में भी इसका विचार किया जाता है। कड़ियों की संख्या इंद्र या राजा पर समाप्त होनी चाहिए। यम का अंश सर्वत्र त्याज्य है। यदि पूरे घर का अंश ज्ञान करना हो तो गृपिंड + गृहनक्षत्र (पूर्वसाधित) में गृहनक्षत्र को 8 से भाग देकर जो शेष बचे, उसे भी जोड़ दें। योगफल में 3 का भाग दें। शेष क्रमानुसार इंद्र, यम व राजा के अंश होंगे।

भं नाग तष्टं व्यय ईरितोऽसौ,
ध्रुवादि नामाक्षरयुक, सपिण्डः।
तष्टोगुणैरिंद्रतान्तभूषा,
ह्यंशाः भवेयुर्नशुभोऽन्तकोळ॥

—रामदैवज्ञ

नक्षत्र संख्या को 8 से भाग दिया तो शेष "व्यय" होता है। व्यय + गृहपिंड + ध्रुवादि नाम संख्या ÷ 3 = इंद्रादि अंश होगा।

हमारे पूर्वोक्त गृहपिंड 391 (संशोधन के उपरांत) में नक्षत्र संख्या 23 अर्थात् धनिष्ठा है। 23 ÷ 8 = शेष 7 व्यय है।

(गृहपिंड 391 + व्यय 7 + ध्रुवादि नाम 2) /3 = $\frac{400}{3}$ = शेष 1 है। अत: इंद्र का अंश होने से शुभ हुआ। गृहस्वामी के नामाक्षर व गृहनक्षत्र से मिलान करने पर गणना भी शुभ बैठती है। वर-कन्यावत् गुणमिलान करने से गुण होंगे। नाड़ी अलग है। यदि नाड़ी एक हो तो बहुत शुभ होता है।

क्षेत्रफल में परिवर्तन करने का नियम शास्त्रीय है। विवाहवत् कल्पना करनी चाहिए। इस विषय में प्रमाण उद्धृत है।

कार्या धिष्ण्य गृहैगृहेशगृहयो रुद्वाहवत्कल्पना,
नीडं यद्विषमायगं शशिबले ताराबले संयुतम्।
कार्य तच्छुभदं करैर्यदि गुणाः सर्वेऽपि न स्युस्तदा।
कुर्याज्ज्यौतिषिकोऽगुंलादिकमिह क्षिप्त्वा विहायाथवा॥

गृहनक्षत्र व गृहस्वामी के नक्षत्र से विवाहवत् गुण मिलान करना चाहिए।

घर विषम आय वाला शुभ है । चंद्र बल व ताराबल शुद्ध होने पर गृहनिर्माण करना चाहिए । यदि हस्तात्मक पिंड में अनुकूल गणना न मिले तो ज्योतिषी को कुछ अंगुलों का ही अंतर कर देना चाहिए ।

नाड़ी भिन्न होने पर विवाहवत् गुण मिलाकर उसमें से नाड़ी के ८ गुण कम करके तथा एक नाड़ी होने पर ८ गुण जोड़कर कुल गुण समझे जाएंगे । यह बात गुणमिलान में विशेषतया ध्यातव्य है ।

गृह निर्माणरंभ

वैशाख, श्रावण, मार्गशीर्ष, माघ, फाल्गुन मासों में 3-6-9 राशियों की संक्रांति को छोड़कर गृहारंभ करना चाहिए । कार्तिक मास निर्माणारंभ के लिए मध्यम है ।

1/4/9/14/30 तिथियों को छोड़कर, कृष्ण पक्ष प्रतिपदा सहित शेष तिथियां में, रवि, मंगलवार को छोड़कर शेष वारों में जहां तक हो सके शुक्ल पक्ष में, अग्नि, मृत्यु बाणादि की शुद्धि देखकर व भूमिशयन न होने पर गृह निर्माणारंभ करें ।

वेधरहित चित्रा, अनुराधा, मृगशिरा, रेवती, स्वाती, पुष्य, तीनों उत्तरा, रोहिणी, घनिष्ठा, हस्त, पुनर्वसु, शतभिषा, नक्षत्रों में पूर्ववत् लग्न शुद्धि देख कर गृहारंभ करना चाहिए । चर लग्न को गृहारंभ में वर्जित करना योग्य है ।

भूमिशयन विचार एवं वत्स चक्र

सूर्य के नक्षत्र से चंद्रमा का नक्षत्र यदि 5.7.9.12.19.26 वां पड़े तो भूमि को सुप्त माना जाता है । इन नक्षत्रों में बावड़ी तालाब या गृह निर्माणादि के लिए भूमि का खोदना वर्जित है ।

गृहारंभ के नक्षत्रानुसार वृष वास्तु आदि चक्रों से भी शुभाशुभ परीक्षा की जाती है । यहां (वृष) वत्स चक्र बताया जा रहा है । यह राजमार्तंड में उल्लखित है ।

वृषभाकार मानकर निम्न प्रकार से सूर्य के नक्षत्र से नक्षत्रों की स्थापना करनी चाहिए ।

वृष चक्र

स्थान	मस्तक	अग्रपाद	पृष्ठपाद	पीठ	दक्षिण कोख	वामकोख	पूंछ	मुख
नक्षत्र	3	4	4	3	4	4	3	३
फल	अग्नि भय	उद्विग्नता	स्थिरता	धन	विजय	निर्धनता	स्वामी नाश	पीड़ा

इस प्रकार शुभ समय देखकर गृहनिर्माण करना चाहिए।

दरवाजे का नियम

गृहस्वामी की नामराशि यदि ब्राह्मण राशि हो तो पूर्व में, वैश्य राशि हो तो दक्षिण में, क्षत्रिय राशि हो तो उत्तर में तथा शूद्र राशि हो तो पश्चिम में प्रवेश द्वार रखना चाहिए।

लेकिन आजकल यह बात अपने हाथ में नहीं। रामदैवज्ञ के मतानुसार ध्वजाए होने पर किसी भी दिशा में, सिंहाय होने पर पूर्व में, गजाय होने पर दक्षिण व पूर्व में दरवाजा बनाना चाहिए।

हमारे उदाहरण में संशोधन के बाद सातवां गजाय हैं, अतः दक्षिण व पूर्व में दरवाजा बनाना शुभ है।

हमारे विचार से दरवाजा यदि लम्बाई में लगाया जाए तो सदैव शुभ है। कार खड़ी करने की जगह के स्थान पर मुख्य भवन का प्रवेश द्वार वैसा ही होता है।

यदि चौड़ाई में ही दरवाजा लगाना हो तो कोने में नहीं लगाना चाहिए। यह बात मुख्य प्रवेश द्वार, जिससे घुसते ही घर में पहुंच जाएं, उस दरवाजे पर लागू होती है।

द्वारमायामतः कार्यं पुत्रपौत्रधनप्रदम्।
विस्तार कोणं द्वारं यत् दुःखशोकभयप्रदम्॥

द्वारारंभ मुहूर्त

जिस दिन दरवाजा, चौखट चढ़ानी हो, उस दिन के नक्षत्र को पंचांग से देख लें। वह नक्षत्र सूर्य के नक्षत्र से कितनी संख्या पर है, तदनुसार फल जानकर, शुभ नक्षत्रों में (पंचकरहित) दरवाजा लगाएं।

सूर्य नक्षत्र से पहले	4 नक्षत्र	—	धनागम
सूर्य नक्षत्र से पहले	८ नक्षत्र	—	उद्वेग
सूर्य नक्षत्र से पहले	८ नक्षत्र	—	सुख
सूर्य नक्षत्र से पहले	३ नक्षत्र	—	मृत्यु
सूर्य नक्षत्र से पहले	4 नक्षत्र	—	सुख

अश्विनी, तीनों उत्तरा, हस्त, पुष्य, श्रवण, मृगशिरा, रोहिणी, चित्रा, स्वाति व रेवती नक्षत्रों में, स्थिर लग्न व शुभ वारों में द्वार स्थापना (चौखट, किवाड़) आदि करनी चाहिए।

ध्रुवभे शुभवारे च स्थिरलग्ने शुभे तिथौ।
द्वारं स्थाप्यं मृगे चित्रं वर्गसम्पट् विवर्धनः ॥

—बृहस्पति

गृहप्रवेश विचार

गृहप्रवेश तीन प्रकार का होता है। अपूर्व, सपूर्व व द्वंद्व प्रवेश। ये तीन भेद हैं।

नये घर में प्रवेश करना अपूर्व प्रवेश होता है। यात्रादि के बाद घर में प्रवेश करना "सपूर्व" कहलाता है। जीर्णोद्धार किए गए मकान में प्रवेश का नाम द्वंद्व प्रवेश है।

इनमें मुख्यतः अपूर्व प्रवेश का विचार यहां विशेष अभीष्ट है।

माघ, फाल्गुन, वैशाख, ज्येष्ठ मास में प्रवेश उत्तम व कार्तिक, मार्गशीर्ष में मध्यम होता है।

माघफाल्गुनवैशाखज्येष्ठमासेषु शोभनः।
प्रवेशो मध्यमो ज्ञेयः सौम्यकार्तिक मासयोः।

—नारद

कृष्ण पक्ष में दशमी तिथि तक एवं शुक्ल पक्ष में चंद्रोदयांतर ही प्रवेश करना चाहिए। जीर्णोद्धार वाले प्रवेश में दक्षिणायन मास शुभ है। सामान्यतः गुरु शुक्रास्त का विचार जीर्णोद्धार या पुराने किराए के मकान को छोडकर सर्वत्र करना चाहिए।

तीनों उत्तरा, अनुराधा, रोहिणी, मृगशिरा, चित्रा, रेवती, धनिष्ठा, शतभिषा, पुष्य, अश्विनी, हस्त में प्रवेश शुभ है।

तिथि व वार शुभ होने पर स्थित लग्न में लग्न शुद्धि देखकर चंद्रमा व तारा की अनुकूलता रहने पर ग्रह प्रवेश शुभ होता है।

प्रवेश के समय शुक्र पीछे व सूर्य बाएं रहे तो शुभ होता है। वाम रवि का ज्ञान यहां प्रस्तुत है: —

प्रवेश लग्न से 5/6/7/8/9 भावों में सूर्य रहने से दक्षिणाभिमुख मकान में प्रवेश करते समय वाम सूर्य होता है।

इसी प्रकार 8/9/10/11/12 भावों में प्रवेश समय सूर्य हो तो पूर्वाभिमुख मकान में, 2/3/4/5/6 भावों में सूर्य हो तो पश्चिमाभिमुख मकान में एवं 11/12/1/2/3 स्थानों में सूर्य रहने से उत्तराभिमुख मकान में प्रवेश करने पर "वाम सूर्य" रहता है।

अष्टमात् पंचमात् वित्ताल्लाभात् पंचस्थिते रवौ।
पूर्वद्वारादिके गेहे सूर्यो वामः प्रकीर्त्तितः॥

गृहप्रवेश में कुंभ चक्र विचार:— सूर्य नक्षत्र से दिन नक्षत्र तक गिनें। तद्नुसार फल जानें : —

(1)	सूर्य नक्षत्र से	5 नक्षत्र	—	अशुभ
(2)	सूर्य नक्षत्र से	6 -13 नक्षत्र	—	शुभ
(3)	सूर्य नक्षत्र से	14 -21 नक्षत्र	—	अशुभ
(4)	सूर्य नक्षत्र से	22 -27 नक्षत्र	—	शुभ

गृहारंभ में वत्स चक्र (साभिजित् गणना) एवं गृह प्रवेश में कुंभ चक्र का विचार करना चाहिए।

मासिक राहु विचार

सूर्य की राशि जिस दिशा में हो उसी दिशा में सौर मास में राहु रहता है। राशियों की दिशा का विचार पहले बता चुके हैं। गृह प्रवेश में राहु बाएं व पीछे अच्छा होता है। इसका विचार विवाह के बाद तीसरी बार पतिगृह आने पर व गृह प्रवेश में करना चाहिए।

शुक्र व राहु बाएं व पीछे तथा सूर्य बाएं हो तो प्रवेश में शुभ है।

यद्राशिगोऽर्कः खलु तद्दिशायां,
राहुः सदा तिष्ठति मासि मासि।
द्विरागमे वापि गृहप्रवेशे,
राहुः प्रशस्तः किल वामपृष्ठे॥

देव प्रतिष्ठा विचार

उत्तरायण सूर्य में, शुक्र गुरु व चंद्रमा के उदित रहने पर जलाशय, बाग-बगीचा या देवता की प्रतिष्ठा करनी चाहिए। प्रतिपदा रहित शुक्ल पक्ष सर्वत्र ग्राह्य है, लेकिन कृष्ण पक्ष में भी पंचमी तक प्रतिष्ठा हो सकती है।

लेकन अपने मास, तिथि आदि में दक्षिणायन में भी प्रतिष्ठा का विधान है। जैसे आश्विन मास नवरात्र में दुर्गा की, चतुर्थी में गणेश की, भाद्रपद में श्री कृष्ण की, चतुर्दशी तिथि में सर्वदा शिवजी की स्थापना सुखद है। इसी प्रकार उग्रप्रकृति देवता यथा भैरव, मातृका, वराह, नृसिंह, वामन, महिषासुर मर्दिनी आदि की प्रतिष्ठा दक्षिणायन में भी होती है।

मातृभैरववाराह नार सिंहत्रि विक्रमाः।
महिषासुरहंत्री च स्थाप्या वै दक्षिणायने॥

—वैखानस संहिता

यद्यपि मल मास सर्वत्र प्रतिष्ठा में वर्जित है, लेकिन कुछ विद्वान् पौष में भी प्रतिष्ठा सब देवताओं की शुभ मानते हैं।

श्रावणे स्थापयेल्लिंगमाश्विने जगदम्बिकाम्।
मार्गशीर्ष हरिं चैव सर्वात्पौषेऽपि केचन॥ *—मुहूर्तगणपति*

आचार्य बृहस्पति पौष मास में सब देवों की प्रतिष्ठा को राज्यप्रद मानते हैं।

सर्वेषां पौषमाघौ द्वौ विबुधस्थापने शुभौ। *—बृहस्पति*

तिथियों के विषय में ध्यातव्य है कि रिक्ता व अमा तथा शुक्लप्रतिपदा को छोड़कर सब तिथियां एवं देवताओं की अपनी तिथियां विशेष शुभ हैं।

यद्दिनं यस्य देवस्य तद्दिने तस्य संस्थितिः।

—वशिष्ठ संहिता

मंगलवार को छोड़कर शेष वारों में यजमान को चंद्र व सूर्य बल शुद्ध होने पर प्रतिष्ठा, स्थिर या द्विस्वभाव लग्न में स्थिर नवांश में, लग्न शुद्धि करके विहित प्रकार से विधानपूर्वक स्थापना करें। प्रतिष्ठा में थोड़ी अशुद्धि कष्टों को जन्म देती है।

श्रियं लक्षणहीना तु न प्रतिष्ठा समो रिपुः।

इस प्रकार मध्यान्ह तक हस्त, चित्रा, स्वाति, अनुराधा, ज्येष्ठा, मूल, श्रवण, धनिष्ठा, शतभिषा, रेवती, अश्विनी, पुनर्वसु, पुष्य, तीनों उत्तरा, रोहिणी, मृगशिरा, नक्षत्रों में बलवान् लग्न में, अष्टम राशि, लग्न को छोड़कर प्रतिष्ठा का मुहूर्त बताया जाता है।

वास्तुशास्त्र के विशेष मानदंड

गृहच्छायाज्ञानम्

गृह के दीर्घ (ऊंचाई) को विस्तार (चौड़ाई) से गुणा करके 9 का भाग देने से शेष 1 बचे तो उदयाचल की छाया, 2 शेष बचने पर अस्ताचल की छाया, 3 शेष बचने पर हिमालय की छाया, 4 शेष बचे तो विंध्याचल की छाया, 5 शेष बचे तो इंद्र के पर्वत की छाया 6 शेष बचे तो नारद पर्वत की छाया, 7 शेष बचे तो धूमाचल की छाया, 8 शेष बचे तो कूर्माचल की छाया और 9 शेष बचे तो कुबेराचल की छाया गृह में होती है । इसमें अस्ताचल, नारद, नग, धूमाचल की छाया अशुभ है ।

गृहेशः

गृह के लंबाई-चौड़ाई के योग में गृह की ऊंचाई को जोड़ के 8 का भाग देने पर शेष गृहाधीश होते हैं । उनमें सम शेष शुभ है और विषम शेष अनिष्ट है । ऐसा वास्तुराजमार्तंड का मत है ।

मंडलानयनम्

गृह के स्वामी के हाथ से लंबाई-चौड़ाई गृह का जितना नाप हो उसमे 9 का भाग देने पर शेष तुल्य क्रम से 1 दाता, 2 राजा, 3 नपुंसक, 4 चोर, 5 पंडित, 6 भोगी

,7 ऐश्वर्यवान, 8 दरिद्र, 9 कुबेर ये नव मंडल होते हैं। नाम सदृश इसका फल समझना -3-4-8वां अशुभ 1-2-5-6-7-9- उत्तम है।

मंडलेशः

गृहेश के हाथ से गृह की लंबाई के योग को 2 से गुणा करके 8 का भाग देने पर शेष मंडलेश होता है, 1 शेष बचे तो इंद्र, 2 शेष बचे तो विष्णु, 3 शेष बचे तो यम, 4 शेष बचे तो वायु, 5 शेष बचे तो कुबेर, 6 शेष बचे तो महादेव, 7 शेष बचे तो विधाता और 8 शेष बचे तो मंडलेश गणेश होते हैं। इंद्र मंडलेश हो तो सुख, 2 विष्णुमंडलेश हो तो यश, 3 यम मंडलेश हो तो सदा दुःख, 4 वायु मंडलेश हो तो उच्चाटन, 5 कुबेर हो तो धन की वृद्धि, 6 महादेव हो तो सब दिन कलह, 7 ब्रह्मा हो तो सुख की वृद्धि और यदि 8 गणेश मंडलाधीश हो तो पंडित लोग कहते हैं कि सर्वसिद्धि है।

अजिरानयनम्

आंगन की लंबाई-चौड़ाई को जोड़कर उसको एक से गुणे, फिर उसमें नव का भाग देने से शेष 1 में दाता, 2 बचने पर विद्वान् 3 शेष बचे तो भीरू, 4 शेष बचे तो कलह, 5 शेष बचे तो नृप, 6 शेष बचे तो दानव, 7 शेष बचे तो नपुंसक, 8 शेष बचे तो चोर और 9 शेष बचे तो धनी ये आंगन के नाम हैं।

बीच में आंगन नीचा हो तथा चारों ओर ऊंचा हो तो पुत्र का नाश करता है।

गृह, ग्राम, क्षेत्र तडाग, बाग चंद्रवेध से बनावे, काष्ठ, अग्नि, भवन, अग्निहोत्री का गृह या अन्य अग्नि से जीविका करने वाले सूर्यवेध से गृह बनवावे परंतु विशेष चंद्रवेध के गृह और सूर्यवेध के जलाशय लोग बना रहे हैं। उत्तर-दक्षिण की लंबाई को चंद्रवेध कहते हैं, पूर्व-पश्चिम लंबाई को सूर्यवेध कहते हैं।

मिट्टी के दीवार में भीत को छोड़कर पिंड का नाप करें। ईंटो के मकान का आधी भीत के नाप करें। पत्थर के मकान का भीतसहित नापकर बुध गण बनवावें तो शुभ होता है।

तत्रैव विशेष

अंग, बंग (बंगाल), बलिंग, सौराष्ट्र (बंबई प्रांत), मगध, मध्य मरुदेश (मारवाड), सिंध और पहाड़ों के देशों में भीत के सहित गृह का नाप माना है। जो

मध्य देश में गर्भ मात्र गृह का पिंड मानते हैं, तो वसिष्ठ का कथन है कि अग्नभय, गजभय, युद्ध, उद्वंधन, घात, विघात आदि फल होता है ।

जो एक भीत में लगाकर दो मकान बनाते हैं, वह मकान यमराज के समान है, इससे गृहेश का नाश होता है ।

पूर्व गृह के दक्षिण-पश्चिम गृह न बनवाए, और पहले गृह से पूर्व तथा उत्तर दिशा में सब गृह निर्माण करें, पहले का गृह जितना ऊंचा हो उसके दूने के बराबर भूमि छोड़कर दक्षिण-पश्चिम में घर बनवावें तो वह गृह शुभ है और समस्त कर्म सिद्धि के लिए होता है ।

बृहत्संहितायाम्

यदि गृह बढ़ाना चाहें तो चारों दिशा में बढ़ावें, किसी एक में बढ़ाने से पूर्व में बढ़ाने से मित्रविरोध, दक्षिण में मृत्यु, पश्चिम में धन का नाश और उत्तर में मकान बढ़ाने से मन में ताप होता है । उत्तर-पूर्व गृह वृद्धि के लिजिए भी वचन मिलते हैं, तथा उत्तम दशा प्राप्त होने पर सब दिशा में गृह वृद्धि होगी ।

गृहारम्भमुहूर्त

क्रम से चैत्र आदि के मास में गृह बनाने का फल शोक आदि है । चैत्र में गृह निर्माण करें तो शोक, वैशाख में धान्य, ज्येष्ठ में मृत्यु, आषाढ़ में पशु की पीड़ा होना , श्रावण में धन, भादों में हानि, आश्विन में कलह, कार्तिक में भृत्य नाश, मार्गशीर्ष (अगहन) में धन, पौष में लक्ष्मी, माघ में अग्निभय और फागुन में ऐश्वर्य वृद्धि होती है । ये फल चैत्र से कृष्ण पक्ष आदि में कहा है ।

द्विस्वभाव राशि से भिन्न राशि में सूर्य रहें, तो यागेश्वराचार्य के मतानुसार निषिद्ध मास में भी गृह का निर्माण करना शुभप्रद है । रिक्ता तिथि से भिन्न तिथियों में अष्टमी, अमावस को छोड़ के 2/3/5/6/7/1/11/12/13/15 इन तिथियों में शनिवार और शुभ वारों (चंद्र, बुध, बृहस्पति, शुक्रवार) में धनिष्ठा, शतभिषा, स्वाति, पुष्य, मैत्र (मृगशिरा, चित्रा, अनुराधा, रेवती) स्थिर (रो० उ० 3) इन 13 नक्षत्रों में सूर्य के नक्षत्र से सात नक्षत्र त्याज्य हैं, फिर ग्यारह नक्षत्र शुभ और अन्य के 10 नक्षत्र अशुभ हैं ।

पुनर्वसु नक्षत्र में सूतिका गृह का निर्माण करना शुभ है और अभिजित् श्रवण नक्षत्र में प्रवेश करना शुभ है ।

वृष चक्र की शुद्धि के अनुसार सूतिका गृह का निर्माण ज्ये० उ०षा०,

अभि०, श्र०, ध०, श० पूर्वाभाद्रपद के सूर्य में ही शुभ होगा । श्रवण में प्रवेश होने के लिए उ० फा० से अनुराधा-पर्यंत तथा धनिष्ठा से अश्विनीपर्यंत के सूर्य में ही कुंभ चक्र बनेगा । इसमें मकर कुंभ मेष के सूर्य में ध०, श०, पू०, भा० अश्विनी ये ही नक्षत्र के सूर्य में उत्तर हैं ।

तत्र विशेष: (वास्तुप्रदीपे)

श्रावण मास, शुक्ल पक्ष, सप्तमी तिथि में शनिवार, स्वाति नक्षत्र, शुभ योग और सिंह लग्न ये सात सकार हैं । इनके योग मिलने पर यदि गृहारंभ हो तो वह पुत्र, ऐश्वर्य, गज, धन-धान्य से सदा परिपूर्ण किए रहें, इसमें वृषभ चक्र और कर्क सिंह राशि के सूर्य के विचार का प्रयोजन नहीं है ये विशेष वचन हैं ।

गृहारंभ के दिन सूर्य का गतांश 20-29-11-2 न रहे (क्योंकि इन गतांशों पर अग्निबाण होता है) और गुरु शुक्र वृद्ध अस्त तथा बाल्य न रहे । गृहेश के राशि तथा लग्न से गृहारंभ का लग्न आठवां न रहे ।

नक्षत्र विशेषु के शुभफल (वसिष्ठ:)

पुष्य, तीनों उत्तरा, आश्लेषा, मृगशिरा, श्रवण, रोहिणी, पूर्वाषाढ़ा इन नव नक्षत्रों में किसी पर बृहस्पति हो और बृहस्पतिवार हो तो गृह का आरंभ करने से पुत्र और राज्य का सुख मिलता है ।

विशाखा, चित्रा, शतभिषा, आर्द्रा, पुनर्वसु ये पांच नक्षत्र में किसी पर शुक्र हो और शुक्रवार हो तो गृहारंभ करने से धन धान्य की वृद्धि होती है । रामाश्रमाचार्य ने अश्विनी के शुक्र पर भी लिखा है, उनके मत से छ: नक्षत्र हैं ।

हस्त, उत्तरा, फाल्गुनी, चित्रा, अश्विनी, रोहिणी, मृगशिरा इन नक्षत्रों में किसी नक्षत्र पर बुध बैठा हो और वह नक्षत्र बुधवार का हो तो घर बनाने से धन पुत्र और सुख मिलता है ।

अशुभयोग (वसिष्ठ:)

मघा, मूल, पुष्य, पूर्वाफाल्गुनी, हस्त और रेवती इन नक्षत्रों में से किसी एक नक्षत्र में मंगल बैठा हो और वह नक्षत्र मंगलवार को पड़े तो घर बनाने से वह घर अग्नि से जल जाता है । पुत्र पीड़ा भी होती है । रामाश्रमाचार्य पूर्वाषाढ़ा लिखते हैं इसमें पूर्वाफाल्गुनी है ।

पूर्वभाद्रपद, उत्तराभाद्रपद, भरणी, अनुराधा, ज्येष्ठा, स्वाति इन नक्षत्रों में से

किसी एक पर शनि बैठा हो और वह नक्षत्र शनिवार का हो तो घर बनाने से घर में यक्ष, राक्षस उसमें निवास करते हैं ।

शुभग्रह द्वादश अष्टम न हो और पापग्रह तृतीय षष्ठ एकादश में बैठे हों और गृह लग्न द्विस्वभाव में सेवा स्थिर में से हो और सूर्य बुध बृहस्पति शुक्र शनि ये क्रम से छठें, सातवें लग्न चतुर्थ तृतीय में (सूर्य षष्ठ, बुध सप्तम, बृहस्पति लग्न, शुक्र चतुर्थ और शनि तृतीय में) बैठे हों तो ऐसे समय में गृह निर्माण करने से वह घर सौ वर्ष तक वहां पर स्थित रहता है ।

सूर्य, मंगल, बृहस्पति और शुक्र ये क्रम से तृतीय षष्ठ पंचम और लग्न में स्थित हों तो वह घर दो सौ वर्ष पर्यंत रहता है । केंद्र (1/4/7/10) में बृहस्पति बैठे हों और सूर्य बुध शुक्र क्रम से एकादश और दशम लग्न में स्थित हों तो गृह सौ वर्ष तक रहता है ।

दशम चंद्रमा: एकादश मंगल, चतुर्थ बृहस्पति और एकादश शुक्र बैठे हों तो गृहारंभ करने से गृह की अस्सी वर्ष की आयु होती है । शुक्र उच्च का लग्न में बैठा हो तो, शनि लाभ में हो तो ऐश्वर्ययुक्त गृह रहता है । शुक्र लग्न में मीनका हो वा अपने उच्च का गुरु चतुर्थ हो वा लाभ स्थान में अपने उच्च का शनि हो तो वह घर बहुत दिन तक लक्ष्मी से युक्त रहता है ।

गृहारम्भे कुण्डलीफलम् (विश्वकर्माप्रकाश)

गृहारंभ के समय लग्न मे सूर्य स्थित हो तो वज्रपात, चंद्रमा बैठे हों तो धन की हानि, मंगल पड़े हों तो मृत्यु, शनि बैठे हों तो दरिद्रता, बृहस्पति स्थित हों तो धर्म, अर्थ, काम इन तीनों की प्राप्ति, शुक्र पड़े हों तो पुत्र की उत्पत्ति, बुध बैठे हों तो अच्छी शक्ति और आयु की वृद्धि होती है ।

द्वितीय में सूर्य हो तो हानि, चंद्रमा हो तो शत्रुनाश, मंगल हो तो भांति-भांति का विघ्न, बुध हो तो अधिक संपत्ति, बृहस्पति हो तो धर्म का समागम, शुक्र हो तो काम के विवाद से इस संसार में समय बिताता है ।

शुभ ग्रह तृतीय भाव में विद्यमान हो तो शुभ करते हैं। पाप ग्रह हों तो विशेष शुभ करते हैं और शीघ्र मनोरथ पूर्ण करते हैं ।

बृहस्पति चतुर्थ स्थान में हो तो राजा से पूजित होता है । बुध हो तो सर्वदा लाभ, शुक्र हो तो भूमि का लाभ, सूर्य हो तो मित्र से वियोग, मंगल हो तो मित्र से भेद, चंद्रमा हो तो बुद्धि का नाश, शनि हो तो महा लाभ होता है ।

बृहस्पति पंचम भाव में बैठा हो तो मित्र, वस्त्र और धन का आगम, शुक्र हो तो पुत्र और धन की प्राप्ति तथा सुवर्ण के भूषण की प्राप्ति, सूर्य हो तो पुत्र को कष्ट

चंद्रमा हो तो कलह का आगमन, मंगल हो तो काम का विरोध और शनि हो तो काम का नाश करता है ।

सूर्य षष्ठ भाव में हो तो राजा से पूजित होवे, चंद्रमा हो तो पुष्टि, मंगल हो तो शत्रु के बल का नाश, गुरु हो तो धन का उदय, शुक्र हो तो विद्या का आगम और बुध हो तो मान के जानने की कुशलता होती है ।

यदि गृहारंभ लग्न से सप्तम में बृहस्पति बैठे हों तो हाथी का, बुध हो तो घोड़े का, शुक्र हो तो भूमि का भोग करने वाला होता है । सूर्य मे हो तो यश का नाश मंगल हो तो विग्रह होता है । चंद्रमा हो तो मूर्खता और शनि सप्तम में बैठा हो तो भय होता है ।

सूर्य अष्टम भाव में स्थित हो तो शत्रुता और सर्वदा विपत्ति होती है, चंद्रमा हो तो हानि, मंगल शनि हो तो भय, मान धन की प्राप्ति, बृहस्पति हो तो बड़ा भारी विजय और शुक्र हो तो अपने जन से सुख होता है ।

बृहस्पति नवम भाग में बैठा हो तो बुद्धि और भाग्य की वृद्धि, बुध हो तो नाना प्रकार के संभोग की संप्राप्ति, शुक्र हो तो अल्प भाग्योदय, चंद्रमा हो तो धातु का क्षय, सूर्य हो तो इच्छा में बाधा करता है ।

शुक्र दशम भाव में विद्यमान हो तो शयन और भोजन की सिद्धि, बृहस्पति हो तो बहुत सुख, बुध हो तो विजय, सूर्य हो तो धन-वृद्धि, चंद्रमा हो तो कोष की वृद्धि, मंगल हो तो मनुष्य सदा बलवान, शनि हो तो यश का नाश होता है ।

लाभ स्थान में सब ग्रह शुभफल देते हैं और बाहर के स्थान में स्थित सब ग्रह विशेष करके उदासी करते हैं ।

जिस दिशा में गृह का द्वार बनाने का निश्चय हो तो उसी दिशा में यदि गृहारंभ के दिन का नक्षत्र और गृह का नक्षत्र हो तो उस गृह में गृह का स्वामी न रहे और द्वार के पीछे का गृह नक्षत्रचंद्र नक्षत्र हो तो घर गिर जाए । दोनों बगल का नक्षत्र उत्तम है, कृ० रो० मृ० आ० पुन० पु० श्ले० अनु० ज्ये० मृ० पू० षा० उ० षा ० और श्रवण इन तेरह नक्षत्रों में से किसी नक्षत्र का पिंड हो और इनमें किसी में से गृह आरंभ किया हो तो उत्तर या दक्षिण मुख वा उत्तर दक्षिण दोनों दिशा के मुख का घर बनेगा । म० पू० फा० ह० चि० स्वा० वि० ध० फा० पू० भा० उ० भा० रे० अ० भ० इन 14 नक्षत्रों में से किसी नक्षत्र का पिंड हो और इनमें से किसी नक्षत्र में गृहारंभ किया हो तो पूर्व या पश्चिम अथवा पूर्व और पश्चिम दोनों ही दिशा में द्वार बनाना शुभ होगा, परंतु यमांश का भी विचार कर लेना चाहिए । गृह शत्रु के नवांश में प्राप्त होकर दशम स्थान में हो तो गृह एक वर्ष के भीतर का हो जाए ।

यदि सूर्य, चंद्र, बृहस्पति और शुक्र बलहीन नीच राशि में बैठे हों या अस्त* हो तो सूर्य बलहीन, तुल्य का हो तो गृहेश का चंद्रमा बलहीन, वृश्चिक का हो तो गृहेश की स्त्री का शुक्र कन्या का बलहीन, हो तो धन का और बल रहित बृहस्पति मकर का, हो तो सुख का विनाश करते हैं । सूर्य अस्त हो तो गृहेश का, चंद्र हो तो गृहेश की पत्नी का, शुक्र अस्त हो तो धन का तथा गुरु अस्त हो तो सुख का नाश करते हैं ।

ध्रुव को देखकर या ध्रुव का स्मरण करके सूर्य और मंगल के अतिरिक्त वारों में मध्य रात्रि को छोड़कर वास्तुरोपण (गृहारंभ) करें, मध्यान्ह में गृहारंभ करने से गृहेश का और गृह का नाश होता है । मध्यरात्रि, प्रात: तथा सायंकाल के समय गृहारंभ न करें ।

ध्रुव का दर्शन या ध्रुव का स्मरण गृहारंभ में मुख्य है । रात्रि में गृहारंभ करने से ध्रुव का दर्शन होगा ।

वास्तुपुरुष की उत्पत्ति एवं पूजन फल *(मंडनसूत्रधार:)*

शंकर जी और अंधकासुर के युद्ध में शंकर जी के शरीर से जो पसीना गिरा, उससे भूमि और आकाश में भय देने वाला एक प्राणी उत्पन्न हुआ । उसी को देवताओं ने पकड़कर नीचे मुख करके दबा रखा और उसको वर दिया कि "तेरी पूजा सब शुभ कृत्यों में होगी ।" अत: इस वास्तु पुरुष की पूजा सब देवताओं के साथ करनी चाहिए ।

प्रासाद (देवमंदिर), गृह में, तालाब, कूप, बावली के सामने में वाटिका लगाने में जीर्णोद्धार, में पुर बसाने में, यज्ञ में, कार्य के आरंभ और समाप्ति में सुख, संपादनार्थ वास्तुपुरुष की पूजा कही है, इससे वास्तुपुरुष की पूजा करें, वास्तुपुरुष की पूजा न करने से हानि होती है । नीचे मुख करके हाथ-पैर सिकुड़ा करके वास्तुपुरुष सोता है, उसका पैर नैऋत्य कोण में शिर, ईशान कोण में और हाथ-पैर की संधि वायव्य कोण में तथा अग्नि कोण में होती है ।

वास्तुपुरुष की पूजा क्षेत्र के आकृति मे करें । एक हजार कोष्ठ का वास्तु, साधारण-64 कोष्ठ का तथा 81 कोष्ठ का होता है ।

* अस्त दो प्रकार का है, एक तो प्रतिदिन सब ग्रह अपने अधिष्ठित राशि में उदय होकर उदय से सातवीं राशि में अस्त हों तो यह ग्राह्य नहीं है । द्वितीय यह है कि गुरु एक वर्ष के लगभग एक मास के दृश्य अस्त होता है । शुक्र पूर्व में दो मास के कुछ अधिक पश्चिम में आने के बाद 10 दिन से भी कुछ कम अस्त रहता है । चंद्रमा केवल अमावस्या को अदृश्य है । सूर्य भगवान का विशेषारतन ही मध्य रात्रि त्याग है ।

ग्राम बसाने में, राजगृह में ,नगर निर्माण में 64 कोष्ठ स्थित वास्तु की पूजा करें, समस्त गृह 81 पद वास्तु की पूजा करना, जीर्णोद्धार में 49 पद वास्तु की पूजा करना। प्रासाद मंडप में सौ पद वास्तु की पूजा करना और कूप, वापी, इत्यादि में 196 कोष्ठस्थित वास्तु की पूजा करना।

वास्तुपुरुष के मस्तक पर ब्रह्मा, कानों में पर्जन्य और दिति, गले में जल, कंधों पर जय और अदिति, स्तनों में अर्यमाभूधर, हृदय में आपवत्स, इंद्रादि पंच देवता दक्षिण बाहु में नागादि वाम में सावित्र, सविता दोनों दक्षिण हाथ में है, रूद्रादि दो देव वाम हाथ में है, मैत्र उरु में ब्रह्मा नाभि में तथा पृष्ठ में इंद्र और जय लिंग में, अग्नि, रोग दोनों जानु में, पुषा और नंदिगणादि सात देवता, गुल्फों में और पितृगण पैरों में है।

पूर्वमें—ईश, पर्यन्य, जय, इंद्र, सूर्य सत्य, भृश और आकाश।

दक्षिण में- अग्नि, पूषा, वितथ, गृहक्षत, यम, गंधर्व भृंग, मृग और पितृ देव।

पश्चिम में- दौवारिक, सुग्रीव ,पुष्पदंत, वरूण, असुर, शेष और पाप यक्ष्मा उत्तर में—रोग नाग, मुख्य, भल्लाट, कुबेर, शैल, अदिति और दिति इन 32 देवों को स्थापित करना।

मध्य में इस प्रकार कि पूर्व में अर्यमा, दक्षिण में सूर्य, पश्चिम में मित्र, उत्तर में पृथ्वीधर और मध्यकोष्ठ में ब्रह्मा की पूजा करना। ईशान कोण में आप-अपवत्स, अग्निकोण में सवित्र-सविता, नैऋत्य कोण में विजय-इंद्र, वायव्य में रूद्र-रूद्रदास (राज्यक्षमा) की पूजा करना— ये 45 देवता मंडल के भीतर हैं। बारह ईशान कोण में चरकी, अग्निकोण में विदारी, नैऋत्यकोण में पूतनिका, वायव्यकोण में पापा नाम वाली के विधान जो कहे गये हैं तदनुसार पूजा करना-ईशान में शिखी, आग्नेय में जय, उत्तर में कुबेर के पूर्व शैल नाम भी पाया जाता है।

वास्तु के शिर, पूंछ, दक्षिण कुक्षि और पीछे आयु की वृद्धि की इच्छा कर न खने। वामकुक्षि में खनना शुभ है। वास्तु के शिर के ओर दश भाग त्याग दे और अधोभाग में सत्रह अंश त्याग देना, मध्य में नाभि जानना। नाभि में शंकु का निवेशन करना। शिर से 11 वां और अधो भाग से 18 वां नाभि का स्थान है। वास्तु का शिर अस्थिर जहां हो वहां से गणना करना, दीर्घ में अथवा विस्तार में अट्ठाईसवां भाग करना।

खननस्थान निर्णय : *(लल्लाचार्यः)*

वास्तु पुरुष के अंग में 28 भाग करके शिर के ओर दश भाग और पुच्छ के

ओर 17 भाग त्याग दे । मध्य भाग में शंकुस्थापन करना चाहिए । ब्राह्मणादि के लिए 24-20-16 और 12 शंकु बनाना, उसे सोना, वस्त्र से सुशोभित करना, शंकु, खैर, अर्जुन, शाल, निंब, करंज, कुटज और विल्व वृक्ष होना चाहिए उसके तीन भाग करना, चार कोण आठ कोण गोल ऐसा क्रम से बनाना, उस पर मध्यमा तर्जनी वा अंगूठा से मोती से रेखा बनाना, शुभ दिन में शंकु स्थापन करना चाहिए ।

वास्तु पुरुष के शिर पुच्छ दक्षिण पार्श्व में आयु कामना वाले पुरुष खात न बनावें । वामकुक्षि में खात शुभ होता है ।

वास्तु पुरुष स्थिति का ज्ञान

तिथि में 4 मिला कर दूना करना, उसमें गृहेश के नामाक्षर जोड़कर 3 का भाग देना । 1 शेष में स्वर्ग, 2 पाताल, शून्य शेष में मर्त्य लोक में वास्तु पुरुष का वास कहना । यह पराशर जी का कथन है । स्वर्ग में लाभ , पाताल में निरंतर लक्ष्मी प्राप्ति, और मर्त्य लोक में वास्तु पुरुष के रहने से मृत्यु होती है । इनको विचार करके गृहारंभ करना चाहिए ।

वास्तु पूजा विचार:

सिंह, कन्या, तुला राशि के सूर्य में नैर्ऋत्य कोण में, और वृश्चिक, धन मकर इन राशि के सूर्य में वायव्य कोण में तथा कुंभ, मीन, मेष, इन तीन राशि के सूर्य में ईशान कोण में और वृष, मिथुन, कर्क राशि के सूर्य में अग्निकोण में वास्तु पूजा करने से (वास्तु पूजा करने वाले का) कल्याण होता है, ऐसा पंडितों ने कहा है । इसी के अनुकूल गृहारंभ वास्तु शांति में वास्तु पूजा करें । शिलान्यास के दिन के लिए यह कोण का निर्णय नहीं है ।

प्रारंभ में भूमि परीक्षा लिखा गया है, शिलान्यास का खात भी उसी प्रकार से बनाना उचित है । खात नाम गड्ढे का है, वह भूमि परीक्षार्थ हो या शिलान्यास हो ।

राहु के पृष्ठ में शिलान्यास प्राय: अधिक होता है । विश्वकर्म प्रकाश में ईशानादि चारों कोणों में और मध्य में शिलान्यास करना लिखा है ।

वास्तुपुरुष के अंग में 28 भाग करें, शिर के ओर से 11 वें भाग में शिलान्यास करें । अनेक प्रकार के प्रमाण लिखे हैं और सब का सत्कार भी हो रहा है । अपने देश में जो प्रथा हो उसके अनुसार पूजा कार्य करना चाहिए । इसे कुलाचार कहते हैं ।

गृहारंभ की तिथि को 5 से गुणा करना, उस दिन के नक्षत्र संख्या कृतिका से जितना हो उसमें जोड़ना । फिर 12 और जोड़ना, जो जोड़ने पर हो उसमें 9 का भाग देना । शेष 4-7-1 बचे तो जल में 5-2-8 शेष होने पर स्थल में और 3-6-9 शेष में आकाश में कूर्म को जानना । कूर्म जल में हो तो लाभ, स्थल में हो तो हानि, आकाश में हो तो मरण होता है, यह कूर्म का लक्षण है ।

मासपरत्वेन गृहद्वार विचार (मुहूर्तमंजीरे)

द्विस्वभाव राशि मिथुन, कन्या, धन, मीन के सूर्य में गृहारंभ न करना, तुला, मेष, वृश्चिक, वृष के सूर्य में गृहारंभ करें तो दक्षिण-उत्तर मुख गृह का द्वार बनाना मकर, कुंभ, कर्क और सिंह के सूर्य में गृहारंभ करें तो गृह का द्वार पूर्व मुख या पश्चिम मुख बनाना । ब्राह्मण आदि के गृह का द्वार पश्चिम आदि दिशा में होना उत्तम है ।

राशि पर गृहद्वार विचार (मुहूर्तमंजीरे)

ब्राह्मण, वैश्य, शूद्र राशि वालों का पूर्वादि दिशा में क्रम से गृह का बनाना शुभ है । ध्वज आय के गृह का द्वार सब दिशा में बनना श्रेष्ठ है, सिंह आय का पूर्व दक्षिण और उत्तर दिशा में ,गज आय का पूर्व तथा दक्षिण, और वृष आय का पूर्व मुख गृह द्वार होना शुभ है ।

पौर्णमासी से कृष्ण पक्ष की अष्टमी तक पूर्व दिशा में, कृष्ण पक्ष की नवमी से चतुर्दशी पर्यंत उत्तर दिशा में, अमावस से शुक्ल पक्ष की अष्टमी तक पश्चिम दिशा में और शुक्ल पक्ष की नवमी से चतुर्दशी पर्यंत दक्षिण दिशा में गृह का द्वार बनाना अशुभ है ।

तिथिपर गृहद्वार विचार (मुहूर्तमंजीरे)

कृत्तिका से सात नक्षत्र पूर्व, मघा से सात नक्षत्र दक्षिण, अनुराधा से सात नक्षत्र पश्चिम तथा धनिष्ठा से सात नक्षत्र उत्तर के हैं । गृहनक्षत्र और गृहारंभ का नक्षत्र द्वार के बगल का हो तो सुखद है । गृह नक्षत्र तथा गृहारंभ का नक्षत्र यदि पीछे का हो या गृह के आगे का हो तो गृहेश का नाश करे ।

सूर्य के मास से आय से अन्य विचारों से एकवाक्यता हो तो द्वार बनावे । अन्य विचार न मिले तो जिस विचार के न करने से हानि टपकती हो उसको अवश्य विचारना ।

जैसे "विधोर्वा गृहस्यापि धिष्णयं पुरश्चेद् । वसेत तत्र कर्ता न पृष्ठे खनि: स्यात ।" से विचारना दोष है । गृह नक्षत्र (पिंड या नक्षत्र, गृहारंभ का नक्षत्र सम्मुख होगा तो गृहेश गृह में न रहेगा, पीछे का रहेगा तो गृह खना जाएगा, सेंध पड़ेगी, ये दोष हैं— इसको अवश्य विचारना ।

द्वारस्य तिर्यङ् मानप्रदेश निर्णय:

— मुहूर्त गणपति

कृत्तिका से आश्लेषा पर्यंत तथा अनुराधा से श्रवण पर्यंत नक्षत्र पिंड हो, रो० मृ० पुष्य अनु० उत्तराषाढ़, नक्षत्र में गृहारंभ किया हो तो उत्तर-दक्षिण मुख के पार्श्व पडेगा और मघा से विशाखा तक तथा घनिष्ठा से भरणी तक का पिंड हो और उत्तारा-फा० ह० चि० स्वा० धनि० श० उ० भा० रेव० नक्षत्रों में गृहारंभ किया हो तो पूर्व पश्चिम मुख द्वार के पार्श्व पड़ने से शुभ होगा ।

पूर्व मुख तथा पश्चिम द्वार बनाना हो तो लंबाई में नव भाग करना और उत्तर तथा दक्षिण गृह का मुख्य गृह द्वार बनाना हो तो चौड़ाई में नव भाग करना, एक अंश में द्वार बनाना, ईशान कोण से प्रादक्षिण्य क्रम से पूर्व मुख में तीसरे या चौथे अंश (भाग) में, दक्षिण मुख में छठे वा चौथे अंश में, द्वार होना शुभ है ।

दीर्घ या विस्तार के नव भागों में से कोई चौथे भाग में द्वार या चारों दिशा में बताया है । पूर्वादि दिशा में अन्य आचार्य क्रम से 3-6-4-4 अंश में कहे हैं ।

पूर्व दिशा का द्वार जय वा इंद्र के अंश में होना उत्तम है, सत्य के अंश में मध्यम है . दक्षिण का द्वार गृहक्षत वा गंधर्व के अंश में होना शुभ है । पश्चिम मुख का द्वार, पुष्प दंत के अथवा वरुण के अंश में होना शुभ है, और उत्तर का द्वार भल्लाट के वा सोम के अंश में होना शुभ है । अन्य के अंश में शुभ नहीं है । कोई दक्षिण में वितथ के अंश में शुभ कहा है ।

घर से निकलते समय जो दक्षिण भाग में हो वही दक्षिणांग है, वाम भाग में जो है वह वामांग है । इस दक्षिणांग वामांग के विचार से जिन-जिन देवों के अंश में द्वार बनाना लिखा है वह ठीक संघटित होता है, अतएव इस प्रकार से द्वार बनाने से उत्तम फल होता है ।

देवल के मध्य के शिरा आदि देशों को तथा वास्तु के मध्य को छोड़कर द्वार बनाना शुभ है ।

द्वार वेध विचार

द्वार के ऊपर द्वार न बनावे और द्वार के सम्मुख द्वार न बनावे, क्योंकि यह व्यय कराने वाला संकट तथा दरिद्र कारक होता है ।

मूल द्वार (प्रधान द्वार) का निर्माण जिस प्रकार करना उस प्रकार से अन्य द्वार की रचना करने की आवश्यकता नहीं है। प्रधान द्वार को ही कलश-फल-पत्र लगाकर और देवता आदि के चित्रों से सुशोभित करना।

कोण मार्ग, भ्रमि चक्र कीचड़, स्तंभ, वृक्ष, देंवालय और कूप द्वार के संमुख हो तो वेध करते हैं।

मार्ग से वेधित द्वार गृह के स्वामी का नाश करना है। वृक्ष से वेधित द्वार बालक का संहार करता है। कीचड़ से वेधित द्वार शोक करता है, जल निर्गम मार्ग से वेधित द्वार धन व्यय करता है। कूप वेधित द्वार मृगि रोग उत्पन्न करता है, देवमंदिर से वेधित द्वार विनाश करता है, स्तंभ से वेधित द्वार स्त्री को दुःशील बनाता है, और ब्राह्मण से वेधित द्वार कुल का नाश करता है।

देव मंदिर गृह का, गृह से पृष्ठ (पीछे), पार्श्व बगल में वेध नहीं होता है। वेध का विचार केवल आगे से है। वृक्षों की छाया प्रथम चतुर्थ प्रहर को छोड़ कर अन्य दूसरे तीसरे प्रहर की सदा दुःख देने वाली होती है।

वेधापवादः

गृह के ऊंचान की दूनी भूमि के बाद यदि स्तम्भ आदि हो तो वेध होने पर भी वह गृह अशुभ नहीं होता है।

गृह वारि-निस्सारण-स्थान फलम्

गृह के वारिजल के निकलने के लिए बिल (नाली) को बनावे, यह पूर्व में हो तो शुभ, अग्नि कोण में हो तो अशुभ, दक्षिण में हो तो दुःख देने वाला, नैर्ऋत्य कोण में हो तो पुत्र नाश करने वाला, पश्चिम में हो तो सम, वायव्य में हो तो शुभ, उत्तर में हो तो वृद्धि करने वाला और ईशान में हो तो पुत्र को देने वाला होता है।

हे विप्रगण! अग्निहोत्र गेह, घोड़ा का घर, हाथी का गृह, गौशाला, पाठशाला, ऊंट का घर, शेर का गृह, पक्षियों का भवन तथा व्यायामशाला (अखाड़ा) को यदि आवश्यकता तथा इच्छा हो तो बनाना, इनमें सूर्य, चंद्रमा का वेध न विचारे इनमें देवागार, मंडप आदि को प्रायः चतुष्कोण, प्रायःध्वज आय का बनाना शुभ होता है।

गृह बनाने वाला यदि सोलह कमरे का गृह निर्माण न करे तो तीन, पांच सात, नव, ग्यारह, तेरह, पंद्रह घर का गृह निर्माण करे, जिसको जितने गृह का कार्य हो विषम गृह बनावे, सदा षोडश घर का गृह बना के वास करे।

मुख्य एक गृह निर्माण करे अन्य जितने कमरों की आवश्यकता हो बनावें, क्रम से स्नान का घर, रसोई का, शयन, अस्त्र, भोजन, धान्य, भंडार, देवगृह बनावें, रसोई का बीच में मथन घृत, पूरीष (पाखानी, विद्याभ्यास, रोदन, (कोष) रति का औषध तथा सर्व धाम बनाना। यह नियमानुसार राजा-महाराजा तथा विशेष ऐश्वर्य वालों के लिए है । जिसके घर घी रखने की या दधि मंथने की आवश्यकता हो तथा शस्त्र धरने के लिए घर की आवश्यकता होवे तो इन घरों को बनावें ।

पूर्व

	देवघर	सर्वधाम	स्नान	मंथन	रसोई
	औषध				घृत
उत्तर			आजिर (आंगन).		दीर्घ मंथन
	भंडार				शयन
	रति				पाखाना
	धान्य	रुदन	भोजन	विद्याभ्यास	शस्त्र

(दक्षिण दिशा: **दक्षिण**)

पश्चिम

भोजन बनाने के घर का , देवगृह का , सर्वधाम-भंडार, गृह, शयन घर, विद्याभ्यास गेह, की आवश्यकता प्राय: सभी को हुआ करती है । अत: इन गृहों का तथा शहरों में पाखाने की आवश्यकता शहर के निवासियों को हुआ करती है, अत: इनके गृहों का निर्माण करना समुचित होगा ।

अजिर (आंगन) विचार:

अजिर (आंगन) चौक के दीर्घ विस्तार को जोड़ के उसमें नव का भाग देना, जो शेष बचे उसका क्रम से शुभाशुभ फल जानना—1 दानी, 2 विज्ञ, 3 विशेष डरपोक, 4 क्रोधी, 5 राजा, 6 दानव, 7 नपुंसक, 8 चोर और धनी नाम हैं, इनमें1-2-5-9 का फल उत्तम है

उदाहरण—आंगन लंबा 21 हाथ, 16 हाथ है, दोनों का जोड़ 37 हुआ, इसमें 9 का भाग देने पर 1 बचा, प्रथम दानी का नाम आंगन का हुआ, फल शुभ समझना ।

गृहे कूपफलम् (मुहूर्तमंजीरे)

यदि कूप गृह के मध्य में हो तो सब धन का नाश करे । ईशानादि कोण में कूप रहने का फल क्रमश: पुष्टि, धनवृद्धि, पुत्रनाश, स्त्रीविनाश, मृत्यु, संपत, शत्रु से पीडा और विशेष सुख होना जानना । यह गृह के भीतर का फल है, सूर्य के नक्षत्र से शुभ-अशुभ कूपारंभ में जानना, तीन-तीन नक्षत्र समझना । गृह के बाहर वायव्य में कूप हो तो स्त्री का मरण पृष्ठ 123 के चित्र को देखे । नैऋत्य में पुत्र की हानि, अग्निकोण में रहने से अग्नि का भय होता है ।

द्वारशाखास्थापन विचार

सूर्य के नक्षत्र से चार नक्षत्र के भीतर ललाट पर रखना फल अति लक्ष्मी होना समझना, चारों कोनों में ८ नक्षत्र रखना, फल उसका उद्वासन होना है । ८ नक्षत्र लता में रखना जिसका फल श्रीप्राप्ति समझना, फिर तीन नक्षत्र देहली में रखना जिसका फल मृत्यु होना जानना, फिर चार नक्षत्र मध्य में धरना उसका फल सुखं जानना ।

देहलीचक्रम्

ललाट	कोण	लता	देहली	मध्य	स्थान
4	8	0	3	4	नक्षत्र संख्या
अतिलक्ष्मी	उद्वासन	लक्ष्मी	मृत्यु	सुख	फल

द्वारस्थापन नक्षत्र विचार

अश्विनी, तीनों उत्तरा, स्वाति, रोहिणी, रेवती इन सात नक्षत्रों में द्वार शाखा (शाह-चौखट) लगाना शुभ है ।

घर के चारों ओर वृक्ष विचार

गृह के पूर्व बड, दक्षिण में गूलर, पश्चिम में पीपल और उत्तर में पाकड़ का वृक्ष शुभ है । गृह के मध्य में सुवर्ण के समान भी वृक्ष न लगावें । विद्वान् लोग आंगन में सुख देने वाला तुलसी का वृक्ष लगाते हैं ।

गृहे ग्राह्यकाष्ठानि

शीशम, रोहिणी, शाक, श्रीपर्णा, चंदन, सरल, अशोक, महुआ, सर्ज, नीम, पतंग, अर्जुन, लोध, खेर, शाल, सिंधुक, विजयसार, नाग, केसर इन वृक्षों की लकड़ी गृह बनाने के लिए है अतः बनने वाले लगावें ।

त्याज्यकाष्ठानि

बहेड़ा, पीपल, बरगद, पाकड़, गूलर, कंटक, कैंथ और जला हुआ वृक्ष रोगी वृक्षों की लकड़ी गृह में न लगावें, अर्थात् इनकी धरन, गोला, शहतीर तथा चौकट न लगावें और खूंटी भी न गाड़ें ।

गृही अन्य गृह का काष्ठ अपने गृह में न लगावें, उसे घर में लगाने से तुरंत प्राण का नाश होता है । नये गृह में नया तृण, लकड़ी, पत्ता लगावें, नवीन गृह में पुराना तृण लकड़ी न लगावें । हां लकड़ी सुदृढ़ हो तो लगाने में कोई हानिकर नहीं है और जीर्ण गृह में नवीन जीर्ण तृण लकड़ी पत्ते लगावे ।

गृहपाश्वे शुभाशुभद्रुमाः

गृह के समीप फल वाले तथा दूध वाले वृक्ष तथा कांटे के वृक्ष अशुभ हैं । केला, चमेली, चंपा, पाटल, वृक्ष शुभ हैं । एक प्रहर के ऊपर की छाया गृह पर पड़ना शुभ नहीं है, ऐसे ही एक पहर छाया शेष रहने पर अशुभ है ।

चरणीविचारः (वास्तु माणिक्यरत्नाकरे)

चरणी के विस्तार के हस्त की संख्या और दीर्घ के हाथ आदि की संख्या को एकत्र जोड़ना, फिर उसमें ८ का भाग देने से जो शेष बचे उसका फल विज्ञगण समझे । एक शेष में पशु को ब्याधि, दो शेष में पशुनाश, तीन शेष में पशुलाभ, चार शेष में पशु मृत्यु, पांच शेष में पशुओं को कष्ट, छः शेष में पशुओं की वृद्धि, सात शेष में पशुओं को कष्ट और आठ शेष में पशुओं को सुख होना फल है, तीन शेष और छः शेष हो जाने पर उत्तम फल समझना ।

गजगेहम्

हाथी का घर, मकान के वाम भाग में वा दक्षिण भाग में बनाना, उसको घंटा, कलश से युक्त कर सुंदर मनोहर बनाना चाहिए ।

तत्लक्षणं

संकीर्ण गज 6, हाथ ऊंचा का, मंद 7 हाथ ऊंचा का, मृगनाग 8 हाथ ऊंचा भद्र गज 9 हाथ के होते हैं।

अश्वशाला निर्माणम्

घोड़ेका घर अथवा मोटर का गैरेज गृह के वाम भाग में होना सदा शुभ होता है। 64 हाथ का उत्तम, 50 हाथ का मध्यम, 40 हाथ का कनिष्ठ छोटा अश्वशाला होता है, उसकी चौड़ाई 15-13-11 हाथ उत्तम, मध्यम, कनिष्ठ है।

गृह बना कर, साह, चौखट, किवाड़ लगाकर वास्तुशांति तथा बलि करना और ब्राह्मणों को भोजन कराकर तब गृह में प्रवेश करना चाहिए।

गृहप्रवेश विचार

प्रथम गृह प्रवेश अपूर्व गृह प्रवेश है, और यात्रा के बाद का प्रवेश सपूर्व गृह सर्वेश है, अग्नि आदि के भय के बाद का प्रवेश द्वंद्व प्रवेश है। इस तरह तीन प्रकार का प्रवेश होता है।

पलायमान शत्रु के जीतने पर, नवीन स्त्री के आने पर, किसी प्रकार से विदेश जाकर आने पर विद्वान् गृह प्रवेश का विचार करें।

अपने गृह के पूर्व (कहा) जिस प्रकार से वास्तु पूजा और बलि लिखा है। वह (मृदु मृग रेवति चित्रा अनु०), क्षिप्र (हस्त, अश्वि, पुष्य), चर (स्वाति, पुन, ध्रुव धनि, शत), ध्रुव (तीनों उत्तरा, रोहिणी,) नक्षत्रों में करके शनिवार और सौम्य (चंद्र, बुध, बृहस्पति, शुक्रवार) को द्वरस्थ मैत्र (मृग रेवति चित्रा) ध्रुव इन 8 नक्षत्रों में चैत्र को छोड़ के सौम्यापन सूर्य में चर अतिरिक्त लग्न (स्थिर, द्विस्वभाव लग्न), व्यय 12 वें तृतीय एकादश षष्ठ में पापग्रह हों और चतुर्थ शुद्ध हो तो नवीन गृह में प्रवेश करना।

गृह प्रवेश की कुंडली में चतुर्थ अष्टम शुद्ध हो और भकूट शुद्ध हो और जन्म राशि तथा जन्म लग्न से तीन छठे ग्यारह दशम लग्न में मनुष्य गृह प्रवेश करे।

पूर्व मुख द्वार के गृह में पूर्णा तिथी में, दक्षिण मुख द्वार के गृह में नंदा तिथि में, पश्चिम मुख द्वार वाले गृहों में भद्रा तिथियों में तथा उत्तर मुख द्वार वाले गृहों में जया तिथियों में प्रवेश करना।

प्रथम चरण का फल तो पूर्वोक्त ही है। पूर्व मुख वाले गृह में सूर्य आठवें

से पांच स्थानों में रहने पर वाम रवि होते हैं, और दक्षिणमुख के गृह में पांचवें स्थान से पांच स्थान सूर्य में रहने से और पश्चिम द्वार वाले गृह में ग्यारहवें स्थान में सूर्य रहने से और उत्तर द्वार वाले गृह में से पांच स्थान से पांचवें स्थान में सूर्य रहने से वाम रवि होते हैं, गृह प्रवेश में वाम रवि होना अत्यावश्यक है। कुंभ चक्र में सूर्य के नक्षत्र से पांच नक्षत्र पाप (अशुभ) आठ नक्षत्र शुभ, फिर आठ नक्षत्र अशुभ, फिर 6 नक्षत्र शुभ हैं। सूर्य के नक्षत्र से छठे से 13 वें तक और 22 वें से 27 पर्यंत शुभ कुंभ चक्र में है।

पुराने गृह में वा अग्नि से जल गया हो वा अन्य किसी कारण से पुन: छाकर मिट्टी चूने आदि से सुसज्जित करने पर कार्तिक श्रावण मार्गशीर्षमास में स्वाति पुष्य, धनिष्ठा शतभिषा नक्षत्र में प्रवेश करे। यहां अस्त आदि का दीर्घ विचार न करना।

प्रवेश के समय यजमान जल पूर्ण घट, पुष्प, दीप, दूर्वादल, पल्लव से खास सुशोभित दोनों हाथों से लेकर कुमारी कन्या, पंडित, गौ की प्रदक्षिणा कर, नमस्कार करके घर में प्रवेश करे। उस समय ब्राह्मण वेद का पाठ करें, शंख आदि की मंगल ध्वनि हो और रमणीगण रमणीय मनोहर ध्वनि से मंगल की बूंद वर्षावें। हां ब्राह्मणी को कलश लेके आगे चले, पीछे यजमान का सकुटुंब चलना भी किसी आचार्य का मत है। पांच सौभाग्यवती तथा कुमारी रमणीय एक-एक कलश लेके आगे-आगे चलें फिर विप्रवृंद यजमान सकुटुंब ले, यह प्रथा अधिकांश प्रांतों में है।

□□□